#소셜 쓰고 앉았네

#소셜 쓰고 앉았네

조종완 지음

메
카로북스

SOCIAL MEDIA

SOCIAL MARKETING

SOCIAL COMMUNICATION

CONNECTION

You Tube

#소셜쓰고앉았네
사용 설명서

...

"요새 소셜미디어 분야에 괜찮은 신간이 있느냐?"

라는 출판사의 꼬드김과 이를 (잠시나마) 수긍한 오만방자함에서 모든 사단은 시작되었다.

나의 어리석음은 곧바로 깊은 반성으로 돌아왔으니 너무 비난하지는 마시라. 다만 이것은 '글 못 쓰는 처녀작가'라고 스스로를 위로해봐도 쉽게 빠져나올 수 없는 늪이었다.

이를테면 그럴 만한 이유가 있었다는 거다.

디지털, SNS, 소셜미디어는 계속 진화한다. 활자화된 인쇄물을 만들면서 예상보다 그 진화 속도가 너무 빨라 당황스러울 정도였다. ≪#소셜쓰고앉았네≫를 쓰면서 가장 힘들었던 점이다.

그러다 보니 나름의 기준을 바탕으로 내용을 정리할 수밖에 없었다.

1. 가능한 최신의 흐름, 자료를 총망라하되
2. 시간이 흘러도 지속적으로 반영 가능한 마케팅 커뮤니케이션 차원에
   서 고민하고
3. 그래도 안 되는 것은 콘셉트인 척하자(구글링을 권유하는 방법도 있다)

그렇다.
당신은 그런 책을 구입하였거나,
구입하려 망설이고 있다.
어찌할 텐가?
하하하(…)

다만, 내가 기본적으로 이 분야를 대하는 자세이기도 하지만, 여러분
께 이거 하나는 약속한다.

실무와 연구를 통해 직접 경험한 솔직하고 검증된 담론만을 이야기
하겠다.
(나는 우리나라 트위터의 시작부터 9년여간 실무 최전선에서 활동해
왔다. 더군다나 스스로도 어렵고 공허한 이야기를 잘 이해하지 못하기
도 하고).

한 가지 더.

이 책은 실무단의 트렌드와 노하우 따위를 정리한 소셜커뮤니케이션 미디어 짬봉닷컴(http://JJamBong.com)에서도 일정 이상의 공감과 담론을 이끌어낸 글만을 엄선했다. 특히, 위에서 말한 '기준'은 물론, 업계 내 많은 분들의 의견과 추가 아이디어를 바탕으로 십수 회 수정·보완했다. 즉, 집단지성의 결과물인 것이다.

그렇게 탄생한 ≪#소셜쓰고앉았네≫는

책상이나 사무실에서 연필로 메모해가며 공부하는 책이 아니다.

디지털, SNS, 소셜미디어, 커뮤니케이션과 관련한 '담론'에 관하여 스스로도 어깨 힘 빼고 정리하고자 했다. 바라건대 내키는 대로 펴 들고 지하철에서 카페에서 공원 벤치에서 부담 없이 한 장 한 장 넘기시라. 여기서 당신이 조금의 생각할 '꺼리'라도 발견한다면 이 책은 그 소명을 다했다고 생각한다.

소셜미디어는 미디어 탄생 이래 처음으로 대중에게 주어진 민주주의적인 툴이다.

내가 사랑하는 이 신박한 채널을 여러분도 즐겁게 활용할 수 있었으면 좋겠다. ≪#소셜쓰고앉았네≫와 관련한 질문이나 제안·요청은 akeajay@gmail.com으로 주시라.

차례

#SOCIALMARKETING2.0

#운영이반이다

#콘텐츠기획법

#I _ LOVE _ NAVER

#이슈관리

#대한민국_소셜미디어

CHAPTER 01

그래서,
여전히,
아직도 소셜미디어?

소셜미디어는 인생의 낭비다

:

> SNS하면서 가장 흔히 듣는 격언(?), "소셜미디어는 인생의 낭비다."
> 그런데 사실 이 말이 자주 인용되는 곳이 온라인의 커뮤니티들인 것을 보면……
> 꼭 해주고 싶은 말이 있다.
>
> **"적어도 니들이 그러면 자살골 아니냐?"**

영국 프리미어리그 맨체스터유나이티드(Manchester United)의 전 감독이자 존경해 마지않는 알렉스 퍼거슨(Alex Ferguson) 경이 남긴 가장 유명한 말은 적어도 우리나라에서는 이걸 거다.

"SNS는 인생의 낭비다."

그 어원(?)을 쫓아보면 2011년 소속 선수들의 SNS 논란에 대한 인터뷰에서 찾을 수 있다. 정확히는 '트위터'를 지칭했고 '그보다 도서관에서

JJamBong.com 혹시 모를까 봐. 박지성이 뛰었던 그 팀 맞다

책을 읽는 것이 낫다'고 말한 것은 잘 알려져 있지 않지만. 또 한 명의 유명인, 헐리우드 영화배우 윌 스미스(Will Smith)는 '나는 14살 때도 멍청이(dumb)였지만, 그때는 다행히도 트위터, 페이스북 따위가 없었다. 덕분에 나는 홀로(private) 멍청하게 있을 수 있었다'고 말하기도 했다. 💬

바야흐로 소셜미디어, SNS, 소셜네트워크(뭐가 됐든)의 시대라고 한다. 어딜 가나 이것이 대세라든가 패악이라든가 떠들썩하고, 허세니 인증이니 유저들은 또 나름대로 시끌시끌, 한켠에선 개인정보 노출이나 상업화, 저작권 문제로 말들이 많다. 'SNS 올리고 기사화되지 않은 적 없다'로 유명한 클라라 씨도 있지 않은가? 그런가 하면 '소셜미디어 대학'이라든지 관련 '전문가 과정'이나 '자격증'을 개설하거나 '파워블로거로 1억 벌기' 혹은 '백만 팬과 소통하기' 등등의 서적이 난무한다. 심지어 이 분야는 '가이드라인'까지 공부하라 강요하기도 한다. 대체 어떤 미디어가 개인에게까지 그 매체의 '올바른 이용법'을 강권했단 말인가? 여러분만 해도 어떤 경로로든 이 책을 구해 읽고 있지 않은가 말이다! 💬

그런 얘기다.

지금부터 이 이야기들이 한낱 유라시아 침엽수림의 슬픔이 될지 여러분의 인생에 한 줌의 파도를 일으킬지는 알 수 없다. 다만 현시점에서 이 담론이 마케팅, 커뮤니케이션을 생각하고, 타깃(target)이나 소비

JJamBong.com 그리고 그 아들이 저스틴 비버와 트위터에서 놀아나고 있습니다 여러분!
JJamBong.com 미안하지만 한낱 인생의 낭비를(…)

자와의 접점을 생각하며, 혹은 직장동료, 친구나 가족, 자녀와의 대화를 생각하는 이들에게까지, 얼마간은 유효한 '꺼리'가 될 것이란 점에는 의심의 여지가 없다. 왜, 나이키 부사장이었던 트레버 에드워즈(Trevor Edwards)도 이렇게 말하지 않았는가?

> "우리는 미디어 회사를 먹여 살리는 비즈니스를 하는 것이 아니다. '소비자와의 연결'을 고민한다."

18세기 다산 정약용 선생이 유배지에서 쓴 글도 참고해볼 만하다.

> "이 '편지'가 번화가에 떨어져 나의 원수가 펴보더라도 내가 죄를 얻지 않을 것인가를 생각하면서 써야 하고, 또 이 '편지'가 수백 년 동안 전해져 안목 있는 많은 사람들의 눈에 띄더라도 조롱받지 않을 만한 '편지'인가를 생각해야 한다."

여기서 '편지'를 'tweet'으로 '번화가'를 '타임라인' 따위로 바꿔도 어색하지 않다. 결국 소셜미디어는 문자의 발명 이래 가장 강렬하고 유효한 'Connection'에 대한 이야기란 거다.

복잡할 것 없다. 대화(커뮤니케이션, 소통, 의사전달, 이야기 방식 등등)의 방식이 변화하고 있을 뿐이다. 좋건 싫건 이를 이해하고 효과적인 활용 방법을 고민하는 것에 적어도 13,500원 정도의 값어치는 있으리라.

본래 소셜미디어는 '마케팅'이나 '광고' 채널이 아닌 '소통'의 미디어다.
그렇기 때문에 이 생태계를 커뮤니케이션 측면에서 바라보는 것이
많은 부분 '적절한' 접근법이 아닐까.

소셜미디어가 떠들썩하다.

그런데,

과연 커뮤니케이션 차원에서 의미가 있을까?

요즘은 페이스북도 별로 안 하는 것 같은데?

본격적으로 내가 이 분야에 발을 들여놓았던 2008년 언저리만 해도 소셜미디어와 관련한 담론 자체가 흔치 않았다. 기업/기관에 제안하는 문서는 'SNS는 무엇인가?'부터 '웹2.0'과 '집단지성'이니 '트위터가 얼마

JJamBong.com 이러한 측면에서 소셜마케팅이란 단어는 개인적으로 거북살스럽다

나 효과 있다!' 따위까지 총망라한 한 권의 책에 다름 아니었다.■ 물론 요즘은 공신력 있는 기관의 자료가 풍부하며 제법 쓸 만하다.

1. 커뮤니케이션의 변화

'소셜미디어가 뜬다!'를 말하는 가장 손쉬운(혹은 흔한) 방법은 '기존 미디어가 지고 있다'를 역설하는 것일지도 모르겠다. 하지만 이러한 접근은 위험한데다가 옳지도 않다. 디지털 시대, 미디어 빅뱅 이후, 수많은 채널과 미디어들이 나타났다. 우리가 익히 알고 있는 '4대 매체(TV, 라디오, 잡지, 신문)'의 위용이 예전 같지 않은 것이다. 소비자 입장에서 이들은 수많은 채널 중 하나에 불과하고, 미디어 담당자들은 '죽겠다'에서 '어떻게 죽을까'를 고민하는 상황으로까지 몰렸다.

그런데 종이신문을 포함한 전통 미디어의 파급력이 아무리 줄어들었다고 하지만(신문 구독률: 2004년 48%, 2014년 20%, by 한국언론진흥재단) 그 영향력 또한 반 이상 줄었는가?

'언제나 연결되어 있는 세상'에서는 모바일이 뜬다고 하던데, 오프라인 미디어나 관련 활동들이 반비례하게 줄고 있는가?

TV가 뜨니 라디오가 죽었고, 비디오와 DVD가 뜨니 극장이 망했는가 말이다.

JJamBong.com 그때 책을 썼으면 못해도 100권은 썼겠(…)

한 유력 일간지 기자의 말이 떠오른다. 그는 전통 미디어의 변화에 대해 "정치, 사회면 중심으로 아젠다 세팅(agenda setting)의 역할은 여전하다. 다만, 광고나 홍보 매체로서의 기능은 긍정적이지 않다"라고 평가한다. 커뮤니케이션 측면에서 문제는 여기에 있다. 이 현상은 롱테일 법칙(The Long Tail)으로 설명할 수도 있다. 파레토 법칙(Pareto's Law)과 대비되는 이 경제학의 오랜 이론은 '과거엔 소수 20%가 중요한 역할을 차지했다면, 이제는 다수 80%에 집중해야 하는 세상이 온다'는 개념으로서 인터넷·물류 기술의 발달이 핵심이다. 즉, 온라인·디지털 세상은 다변화·세분화된 니즈(needs)가 실제 '목소리'로 나타나고, 뉴미디어는 이를 담아내는 훌륭한 그릇이 되어준다는 것. ▇

소셜미디어 시대에 소비자는 다변화된 미디어를 선택하고 활용한다. 다양한 선택지가 주어졌다는 의미이다. 우리는 '소셜미디어가 뜬다'와 '커뮤니케이션의 변화'를 '전통 플랫폼의 종말'로 치환하면 안 된다. '통합적 커뮤니케이션 사고'를 고민해야 한다.

2. 소비자의 변화

그렇다면 소비자는 어떻게 변화하고 있을까? 관련 전공자라면 1학년

JJamBong.com 이게 바로 SNS가 1인 1미디어로서 강점이 되는 근거이다

1학기 중간고사에서 마주쳤을 소비자 행동 이론을 꺼내보자. Attention-Interest-Desire-Memory-Action 순으로 최종 행동에 기반을 두고 소비자를 '소극적 존재'로 인지했던 'AIDMA'가 Attention-Interest-Search-Action-Share의 'AISAS', 즉 소비자를 '능동적 존재'로 인지하는 극적 변화를 여러분은 목도하고 계시다.

이러한 현상은 〈소비자 구매 획득 및 공유 행태〉(by DMC Report, 2015.08)를 보면 뚜렷하게 나타난다. Attention에 해당하는 '정보획득경로', Search에 해당하는 '구매영향정보', Share에 해당하는 '구전/공유 채널' 부문에서 디지털 관련 경로는 높은 순위를 차지한다. 동일 기관의 2013년 자료와 비교할 때 평균 6~10% 증가하거나 아예 새롭게 등장한 결과이다.

3. 소셜미디어의 현 위치

현시점의 대한민국 SNS 이용률은 10대 53.9%, 20대 74.4%, 30대 61.0%, 40대 43.7%로 전년대비 평균 8.6%가 상승했다(by 한국정보통신정책연구원, 2015). 2014년 앱스토어의 'Best top 10 다운로드' 중 5개가 SNS 애플리케이션이다.

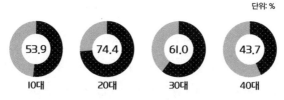

단위: %

… 대한민국 SNS 이용률 …

이용자 지표를 좀 더 자세히 살펴보자. 디지
털 커뮤니케이션 이용 경험은 이메일 88.1%, 모
바일 메신저 85.3%, 소셜미디어 66.3% 순이다.
주로 활용하는 SNS는 페이스북(59.8%)-카카

83.7%
휴대전화

… 소셜미디어 이용기기 …

오스토리(17.1%)-인스타그램(10.3%) 순이며, 81.3%가 스마트폰으로 접
속한다(by DMC미디어, 2015). 같은 기관의 2014년 자료를 보면, 나
이대에 따라서는 카카오스토리와 밴드가 40대 이상에서, 유튜브와 인
스타그램이 20대 이하에서 많이 이용되는 편이다. 여론 형성에 도움을
주는 미디어는 TV가 85.5%이며, 모바일 인터넷은 88%, PC 인터넷은
84.8%, 소셜미디어는 83.8%로 나타났다.

단위: %

… 디지털 커뮤니케이션 이용경험 …

JJamBong.com 조사 자료에 따라서는 카카오스토리가 1위에 오르는 경우도 많다. 다만, 실제
인터렉션 지표 등을 종합적으로 고려했을 때, 카카오스토리의 트래픽은 단순
히 메신저 카카오톡에 연동해 1회성 방문에 그칠 확률이 높다고 본다.

비슷한 기관 다른 조사 자료도 참고해볼 만하다. 일일 기준 인터넷 이용량 중 '가장 많이 사용하는 SNS'는 폐쇄형 플랫폼에선 카카오톡이 73%로 1위를 차지했고 소셜 플랫폼에서는 페이스북 33%, 카카오스토리 30% 순이었다. SNS 이용률은 지속적으로 증가해 전년대비 6% 상승하였다. 폐쇄형 SNS는 전년대비 17% 증가해 이에 대한 대응의 중요성을 고민해 보게 한다(by TNS, 2015.10).

59.8% **17.1%** **10.3%**
facebook   kakao story   instagram
··· 주로 활용하는 SNS ···

기업들은 어떨까?

국내 주요 기업/기관 SNS 담당자 216명을 대상으로 조사한 자료를 보면 페이스북 87%, 블로그 67%, 트위터 49%, 유튜브 42% 순으로 SNS를 활용하고 있다. 향후 새롭게 도입하고 싶은 채널은 인스타그램 51% 유튜브 31%, 카카오스토리 27% 순이다(by KPR 소셜커뮤니케이션연구소, 2015).

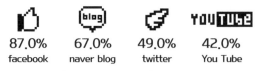

87.0% **67.0%** **49.0%** **42.0%**
facebook   naver blog   twitter   You Tube
··· 국내 주요 기업/기관의 SNS 활용률 ···

2016년 디지털/소셜미디어 핵심 키워드 8가지

'에그' 꺼내놓고 둘러앉아 '아이팟'으로 트위터하던 시절도 벌써 9년여 전 이야기다. 빠르게 변화하는 IT 환경 속에서 이미 소셜미디어는 성숙기에 이르렀다. 2016년 우리가 주목해야 할 트렌드는 무엇일까?

바야흐로 2016년이다.
디지털/소셜미디어는 어디로 흐르는가?

'뛰어난 선구안으로 예측'한다거나 '잉여력을 동원해 어디어디서 취합·베낌'을 할 만한 깜냥은 아니 되기 때문에 현시점에서 앞으로의 전략 설정에 도움이 될 만한 키워드를 다음의 기준으로 정리했다.

첫째, 실무단에서 직접 적용했거나 염두하고 있는 내용이 기본 베이스
둘째, 국내외 신용할 만한 2016년 소셜미디어 트렌드 레포트 약
     50여 개를 추가로 취합
셋째, 최신의 유저 서베이, 채널 변화 자료와 함께 재검토

※ 다만, 이 장의 키워드들은 뒤에서 자세히 설명된다. 2016년의 이슈를 빠르게 훑어보는 형태로 이해하면 된다.

키워드 1) Handheld
모바일에서 모바일까지

'모바일'을 위시한 Handheld device가 첫 번째 소셜미디어 트렌드이다. 다만, 2016년은 단순히 모바일을 외치는 것을 넘어서 이와 연계한 실질적인 대응 전략과 활용법들을 고민한다는 것이 다르다면 다른 부분이겠다.

(1) Handheld device 대응 전략: 모바일 마케팅 전략, 모바일 디자인, 모바일 콘텐츠, 모바일 광고, M-커머스, 모바일 혹은 소셜 CRM

(2) Instant Messaging 시장 대응 전략: 스냅챗(Snapchat·글로벌), 위챗(Wechat·중국), 카카오(Kakao·한국) 등을 어떻게 마케팅적으로 활용할 것인가?

(3) 사물인터넷(Internet of Things)의 동향: 구글글래스, 애플워치, 스마트전자기기 등 사물인터넷은 중심무대로 올라올 것인가?

JJamBong.com 식상하겠지만 어쩔 수 없다

키워드 2) Social Marketing 2.0
페이스북은 더 이상 소셜미디어가 아니다

페이스북은 '소셜미디어'가 아닌 '마케팅 플랫폼'임을 자임한지 오래다. 소통과 브랜딩, 이를 그대로 견지한 방법론이 앞으로도 힘을 발휘할 수 있을까? 💬

(1) 소셜미디어 성숙기: '페이스북 채널 지배 장기화'와 '채널 중심 사고관' 종언. 트위터, 페이스북…… 다음 채널은 없다?

(2) SNS의 마케팅 플랫폼화 심화: 리타깃팅(Retargeting) 광고, E-커머스(E-commerce) 기능(다양한 Call To Action 버튼부터 In-App 구매와 배송까지) 지속적인 개발

(3) All-In-One type of Platform: Buyer Journey 측면에서 바야흐로 구매, 행동까지 SNS가 모두 관여

브랜드&제품   기업/기관   제품 구매
콘텐츠 노출   교류   홈페이지 방문 ▶ 제품배송 ▶ 친구추천 ▶ 후기 포스팅 ▶ 소비자 관리
                      앱 다운로드

Social Buyer Journey
… All-In-One type of Platform …

키워드 3) Personalization
개인화 그리고 Digital Transformation

이 키워드는 여러 가지 흐름을 묶었다. 디지털/소셜미디어의 발달에 의한 개인화와 그에 연계된 전략의 구성으로 보면 어떨까 싶다. 특히 채널 운영은 물론이거니와 전반적인 소셜커뮤니케이션 차원에서 여러 가지 방법론이 도출될 수 있을 듯하다.

(1) 빅데이터, 모바일 그리고 Fan-Connected, Relationship, Relevancy, 개인화의 현실적 접근법: ① 타깃별로 개인화된 콘텐츠 ② 리타깃팅(Retargeting) ③ Social CRM ④ 마케팅 연계 ROI(Return On Investment; 투자수익률) 설정 등

(2) Digital Transformation의 심화: 디지털에 기반을 둔 새로운 혁신과 창조

(3) 기업, 고객의 모든 지식·정보·경험을 디지털화, 온/오프라인의 유기적 결합 및 통합: O2O, Omni-Channel

키워드 4) In-the-moment
바로 지금 이 순간

'실시간'은 디지털/소셜미디어의 새로운 트렌드로 꼽을 만하다. 흔히 볼 수 있는 콘텐츠단은 물론, 채널 차원에서 이를 활용한 운영 전략도

현시점에서 유의미할 수 있겠다.

(1) 실시간, 쌍방향 소통 형태 콘텐츠: 콘텐츠 스케줄링 + 실시간 콘텐츠의 조화

(2) 채널별 실시간 이슈에 따른 '노출 알고리즘' 활용: 트위터, 페이스북, 블로그, 인스타그램 등

(3) 소셜 '라이브 스트리밍'의 부활: 트위터 → 페리스코프, 페이스북 → 라이브, 네이버 → 브이 그리고 미어캣

키워드 5) Search Engines
소셜 검색엔진

전체 디지털 차원에서 꼭 챙겨가야 하는 트렌드는 '검색엔진'이다. 디지털 커뮤니케이션에서 '검색엔진'과 'SNS'를 아우르는 프로그램의 설정은 디지털 전략의 기본이다.

(1) 주요 SNS의 검색엔진화 흐름: 트위터 Lightning Project 'Moments', 페이스북 'Instant Articles'

(2) '#(해시태그)'의 본격적인 국내 활용: 2009년, 트위터 타임라인 주제(Theme)의 묶음 → 2010년, 채널별 산발적 활용 → 2012년, 공공기관 중심 드립 형태 → 현재, 온/오프라인 통합 커뮤니케이션단의 도입

(3) 구글, 네이버, 다음 검색엔진의 진화: 모바일, 음성인식, SNS
…… SEO(Search Engine Optimization; 검색엔진 최적화)의
목표는 '필요한 정보를, 필요한 시점에, 필요한 사람에게, 필요
한 장소에서 정확히 전달하는 것'이다. 결국 양질의 콘텐츠가
답이다.

키워드 6) Self-Broadcasting
비주얼 소스(source)를 둘러싼 채널 경쟁 지속

이미지와 영상은 앞으로도 지속적으로 중요하다. 시스코는 글로벌 소
비자의 영상 트래픽 점유율이 2019년에는 80%까지 치솟을 것으로 예
측하고 있다. 이 시장을 둘러싼 채널들의 경쟁과 유저들의 참여, 기업/
기관의 대응이 앞으로도 볼 만할 듯하다.

(1) 주요 미디어의 동영상 광고 전쟁: ① SMR(MBC+SBS)과 네이버
TV캐스트 ② MCN(Multi Channel Network; 여러 채널과 콘
텐츠 제작자가 네트워크를 형성하는 다중채널 네트워크)을 표
방한 한국의 CJ ③ MCN과 스타 유튜버(혹은 Vlogger) 그리고
유튜브의 전성기 ④ 구글의 유튜브와 '그냥 페이스북'의 위엄
(2) 소셜 영상의 진화: UCC(User Created Contents) →
PCC(Proteur Created Contents) → Self-Broadcasting
(3) 또 하나의 흐름: 아이디어 중심의 드립, 개그, 감동 영상이 흥함

키워드 7) Issues/Risk Management
이슈 발생과 파급 양상의 변화 지속

이슈 관리, 위기 관리 영역은 디지털 시대에 지속적으로 중요한 트렌드이다. 특히 상시적 측면에서 긍정이나 부정 이슈를 관리·대응하고자 하는 움직임은 계속해서 구체화될 것으로 예상된다.

(1) 디지털 시대 이슈의 변화: ① 미디어의 폭발적인 증가 ② 각자의 목소리를 갖기 시작한 소비자들 ③ 이슈 속도는 따라잡기 불가능할 정도로 변화 중
(2) 이슈 관리: 소셜미디어와 디지털상의 상시적인 이슈·위기·평판 관리 필요
(3) 상시적 이슈 관리 대응 전략: ① 디지털 측면의 '사전 역량' 강화 ② 다양한 목소리에 따른 대응 메시지 강구 ③ 다각적인 모니터링 시스템 구축 ④ 상시적 이슈 관리 측면의 SNS 운영 ⑤ 인플루언서(influencer; 영향력 있는 개인) 재규명 및 관리 강화

키워드 8) Social Curation
미디어의 진화, 소셜 큐레이팅 서비스

국내 소셜미디어는 2011년까지는 빠른 자본력을 바탕으로 기업에서 관련 활동을 주도했고 이후 2014년까지 공공기관의 공적 정보에 기반

을 둔 활동이 두각을 이루었다. 앞으로는 인플루언서 혹은 미디어 저널리즘의 영향력에 관심을 기울여야 하지 않을까? 실제로 요즘 미디어들의 SNS 대응은 기업이나 기관의 그것에 맞먹는 수준이다. 특히 이슈 큐레이션을 기반으로 한 전통&신규 미디어의 진화는 2016년에도 중요한 체크 포인트다.

(1) 미디어 경쟁: 소셜 큐레이션은 물론이고 전통 미디어들의 자본을 앞세운 디지털라이제이션 각축. '누가 버티는가' 혹은 '패러다임을 가져가는가?'
(2) PPL? 유가기사?: 큐레이션 미디어의 네이티브 광고와 저작권 관련 이슈의 지속

#뜨는SNS
#지는SNS

CHAPTER 02

소셜미디어
채널 기상도

: **트위터, 페이스북 그리고 다음 채널은 없습니다**

"페이스북 다음 채널은 뭐가 될까요?"

그동안 커뮤니케이션, 마케팅 담당자에게 가장 많이 들었던 질문이다.

　우리나라 기준으로 2009년을 전후해 트위터가 빵 터졌다. 그전까지는 포털 아래 헤쳐모였던 카페, 커뮤니티, 블로그의 온라인 생태계에 '웹 2.0의 패러다임'이 새로이 도래하는 순간이었다.▣ 그리고 2010년, 샌프란시스코의 옷 못 입는 젊은이이자 'I'm CEO, bitch'로 유명한 주커버그라는 청년이 만든 '페이스북'이 국내에도 본격적으로 똬리를 틀었다. 싸이월드가 저물고 시장의 판도는 급격히 재편되었으니…… 7년여가 지난 현 상황에서 기업/기관 담당자들이 그 다음 흐름을 궁금해 하는 것은 당연한 일이다.

JJamBong.com 웹2.0이 뭐냐고? 그따위 것 지금은 중요하지 않으니 그냥 무시하도록 하자(...)

IT나 디지털 분야는 순환이 굉장히 빠르다.

'TV는 역시 삼성'이라든가 '독일제 자동차가 최고' 이런 공식이 통하지 않는 세상이란 거다. 이렇게 빠르게 성장하는 소셜미디어 시장은 10년도 채 되지 않아 '성숙기'에 이르렀다. 다시 말해, 어떤 채널이 확 뜨면 패러다임이 그쪽으로 우르르 옮겨가는 그런 시장이 더 이상 아니란 것이다.

인스타그램이 뜬다니 그거 해보자 (X)

우리한테 맞는 채널을 선택해
유기적이고 차별화된 운영론을 정교화하자 (O)

핵심은 '통합 운영단에서 채널별로 차별화된 운영, 콘텐츠&전략 수립, Fan Connected 차원에서 타깃에게 최적화된 경험을 제공하는 것'이다. 이런 관점에서 SNS별 기상도를 정리했다. 실무단에서 고려 중인 내용을 바탕으로 신용할 만한 국내외 리포트를 참고했고 최신 소비자 서베이와 채널 변화를 꼼꼼히 뒤졌다.

1. 홈페이지

 흐리지만 외출하기
나쁘지 않음

SNS 기상정보	· SNS가 아니지만 채널 운영 측면에서 절대 간과할 순 없다. · 디지털 생태계의 근간이 되는 이 채널만의 강점은 앞으로도 변함없을 것이다.
SNS 기상특보	· 오피셜 페이지로서의 기능은 변함없으며 앞으로도 흔들리지 않을 것이다. · 페이지 패러다임 변화: 반응형 웹/검색 노출/모바일 프렌들리에 어떻게 적응할 것인가? → SNS와 연동해 유기적으로 기능하는 페이지 → 유저들이 원하는 정보를 보기 쉽게! 찾기 쉽게!

2. 블로그

 황사
주의보

SNS 기상정보	· 2016년에도 좋은 날씨가 아니다. 오히려 더 혹독해졌다! · 블로그는 일종의 지속가능한 생태계다. 그러므로 하나의 채널만을 선택한다면 많은 경우 블로그가 답이 될 수 있다.
SNS 기상특보	· 10대부터 50대 후반까지 가장 폭넓은 이용자를 확보하고 있다. 검색 포털과 연계해 사실상 온라인의 모든 유저를 타깃팅하고 있다고 볼 수 있다. · 다양한 멀티미디어와 제한 없는 텍스트가 연계되어 긴 호흡을 가진 스토리텔링 기반의 콘텐츠 허브(Contents Hub)로 기능할 수 있다. · Owned Media(기업/기관이 보유한 채널. 웹사이트, 블로그 + SNS)에 기반을 둔 브랜드 저널리즘(Brand Journalism)의 핵심 채널이다. · 블로거지, 저품질블로그, 검색 노출 어뷰징(abusing) 등 신뢰도의 하락을 어떻게 극복할 것인가?

· 네이버 노출 알고리즘의 대격변과 '우리 네이버가 달라졌어요.'
가입형이든 설치형이든 자사에 맞는 채널을 선택하면 된다. 무조건
네이버가 정답은 아니라는 것.

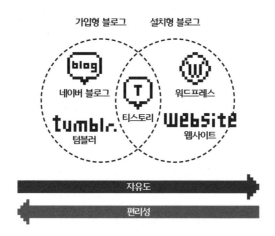

3. 페이스북

청명한 날씨인데
오존층 뚫렸음

SNS 기상정보	· 2016년에도 기세등등해서 날씨는 참 좋은데 외출하기 싫다. · 채널 변화에 따른 여러 가지 방법론이 이젠 실무단에서도 어느 정도 일반론으로 통용되는 것이 다행이라면 다행이다. · 변화는 뚜렷하다. 요는 여기에 어떻게 적응하느냐이다.
SNS 기상특보	· 10대부터 40대까지 여전히 만국공통 Official SNS다. · 가장 강력한 인터렉션, 인게이지먼트가 발생한다. 핵심 브랜드 메시지 기반의 커뮤니케이션이 효과적이다.

- 리타깃팅 미디어, Paid media를 어떻게 다루는가가 사실상 핵심이다.
- 2016년에도 지속적인 변화에 관심을 가질 필요가 있다.
  → 페이지에 이은 '인스턴트 아티클'은 성공할까?
  → 검색엔진을 드디어 강화하기 시작했다!
  → 유튜브에 필적하는 Video Traffic.
  → 노트 기능, 다양한 좋아요! 등 끝없는 변화 요주의.

4. 트위터

열대성
스콜

SNS 기상정보	· 최근 여러 가지 변화의 움직임이 있으나 내·외적으로 상황이 더욱 악화되는 모양새다. · 아직 죽지 않았다. 영미권은 물론, 국내에서도 충성 유저에 기반해 꾸준히 살아 움직이는 채널이다. · 과거와 같은 영화는 없지만 이를 효율적으로 활용할 방법론은 보다 확실해졌다.
SNS 기상특보	· 20대 후반부터 40대 초반까지의 열정적인 유저군이 있으며 유명인, 인플루언서 중심이다. · 오프라인 영향력이 온라인에 '복사'된다. 즉, 오프라인에서 인플루언서라면 트위터에서도 그 영향력을 활용하기 용이하다. · 지속적인 변화의 몸부림, 과연 성공할 수 있을까? 　→ 지속적인 메인화면 변화의 움직임, Lightning project 'Moments'. 　→ 140자 글자 제한에 대한 끝없는 갑론을박. 　→ E-커머스 MoPub Marketplace. · 현시점에서 활용 가능한 포인트. 　→ 드립! 드립! 드립! (예를 들자면 '듀렉스') 　→ 2 way 인터커뮤니케이션. 　→ 모니터링에 기초해 RT/MT를 통한 확산의 미디어 채널.

5. 인스타그램

나들이 가기
좋은 날씨

SNS 기상정보	· 맑은 날씨에 나들이 가기까지 좋다. 2016년에 지속적으로 모니터링 해야 하는 채널이다. · 페이스북의 지원에 힘입어 채널 정교화에 박차를 가하고 있다.
SNS 기상특보	· 10대 후반부터 30대 중반까지의 비교적 젊은 세대, 비주얼 요소에 관심이 많은 유저를 아우르고 있다. · 유저들은 일종의 이미지 캘린더, 잡지처럼 인스타그램을 활용한다. · 기업/기관 입장에서도 요즘 가장 뜨는 채널이다. · 추가 이슈 　→ 직사각형 이미지 가능. 　→ Spot성 영상(15초에서 60초로 증가). 　→ 국내에서도 광고 본격화. 　→ 성인, 도박 등의 콘텐츠를 어떻게 규제할 것인가? 　→ 노출 알고리즘 도입 예정. 더 이상 '타임'라인이 아니다.

6. 유튜브

근질근질하게
맑은 날씨

SNS 기상정보	· 2015년 급격하게 진행된 영상 전쟁에서 일단은 우위를 유지하고 있다. · 십여 년을 유지해온 영상 패권과 구글의 지원은 제아무리 페이스북이라 해도 쉽게 무너뜨리긴 힘들다. · 영상을 중심으로 한 '검색엔진'의 포지셔닝을 지속적으로 강화할 듯하다.

| SNS 기상특보 | · 10대부터 50대까지 폭넓은 사용자를 확보하고 있다. |

| SNS 기상특보 | · 10대부터 50대까지 폭넓은 사용자를 확보하고 있다.
· 고퀄리티 영상 부분의 글로벌 지배자다.
· 구글 다음으로 인터넷상에서 가장 큰 검색엔진이다.
· 단순 View가 아닌 '구독자'와 'Viewed time'에 기반을 둔 본격적인 운영론 도입이 필요하다.
· 추가 이슈
→ 디지털&모바일을 지배하는 고퀄리티 영상의 디지털 TV가 될 수 있을 것인가.
→ Vlogger와 MCN.
→ 동영상 광고 전쟁. |

YOU TUBE

1. 100% 영상 기반 - 함축적 메시징 & 언어 불문
2. 폭넓은 유저 & 페이스북과 비교할 수 없는 '검색'
3. 구글과 연계된 'GDN(Google Display Networkd)'을 활용한 타겟팅
4. '콘텐트 아이디(Content ID)', '트루뷰(TrueView)', 진보한 시스템
5. 광고 수익을 광고주에게

··· 유튜브 광고의 장·단점 ···

7. 카카오

(아마도)
폭풍전야

| SNS 기상정보 | · '겨울 도래'에서 2016년 '폭풍전야'로 발돋움했다.
· 카카오 주도로 이루어지고 있는 모바일 중심의 개편이 과연 성공할 것인가.
· 내외부 악재는 지속되지만 인스턴트 메시징의 지속적인 부흥과 함께 대체제가 있는가? |

JJamBong.com 아직까지는 별 재미를 못 본 듯하다

SNS 기상특보

· 악재에도 불구하고 '카카오톡'은 모바일과 PC를 아우르는 대한민국 최대 유저를 보유하고 있다.

· 다음과의 합병, 멜론 인수 등 모바일 중심 행보에 관심을 기울일 필요가 있다.

· '카카오스토리'의 경우 주 이용자가 3040 여성으로 주부와 아이를 타깃팅한 운영론이 유효하다.

· 카카오톡 '채널' 카테고리의 메인 노출을 위한 고민이 필요하다.

kakao

1. 카톡창의 #검색
  – 이미지,뉴스, 앱, 영상, 쇼핑 등의 결과 제공
2. '채널' 메뉴를 통한 다양한 정보 제공
  – 카카오스토리 연계 및 브런치(Brunch)
3. 카카오택시, 카카오오더, 뱅크월렛 등 모바일 앱 중심

··· 카카오의 모바일 중심 변화 ···

:   비주얼 SNS를 바라보는 새로운 관점

기업/기관 SNS 담당자는 '앞으로 새롭게 도입하고 싶은 채널'로 인스타그램(51%),

유튜브(31%)를 꼽았다(by KPR 소셜커뮤니케이션연구소, 2015).

군이 페이스북의 '인스타그램', 구글의 '유튜브'라고 수식하지 않아도 현시점에서 두 채널은 무시할 수 없는 영향력을 갖고 있다. 비주얼 콘텐츠의 부흥과 함께 인스타그램, 유튜브를 활용하는 새로운 관점에는 무엇이 있을까.

1. 소셜미디어 측면의 유튜브 운영론

2007년을 전후로 동영상 사이트가 흥했다.

네이버, 다음, 판도라TV, 엠군과 같은 다양한 사업자들이 각축을 벌였다. 하지만 '영상'이라는 것이 필연적으로 방대한 자원을 필요로 했고 당시 인프라상 유저 접근의 한계도 분명했다. 이윽고 많은 서비스가 문

을 닫거나 고육지책의 괴랄한 광고 시스템으로 외면을 받았다.🏴 그리고 그곳에는 '유튜브'가 남았다.

현재에 이르러 인터넷·유저 환경의 변화와 각 채널의 이해관계는 영상 콘텐츠를 급부상시켰다. 주요 SNS의 핵심과제 역시 영상이고. 유튜브의 아성은 여전히 단단하다. 고퀄리티, 양적 소스(source), 구글의 배경까지 등에 업은 이 엄친아가 쉽게 자리를 내어줄 것 같지는 않다.

실제 방문지표도 유튜브의 현재를 잘 나타내준다. 유튜브는 네이버, 다음 등과 함께 순방문자 기준 Best 10(월 1,300만)에 올라 있다. 모바일 애플리케이션 부문에서 유튜브는 다른 SNS를 넘어 월 1,900만으로 네이버와 대등한 수준이다(by 닐슨 코리안 클릭, 2016).

그런데 마케터, 커뮤니케이터가 유튜브를 바라보는 시각은 여전히 과거에 머물러 있다. 많은 기업/기관이 통합 채널 운영 측면에서 유튜브를 '멀티미디어 콘텐츠 저장소'로써 접근하고 있는 것이 그 반증이다. 실제로 한 레포트에 따르면 4,300만 이상의 View를 기록한 채널 5,000개 중 오직 2%만이 브랜드 소유 채널이다(by Touchstorm Video Index, 2014). 콘텐츠 차원이 아닌 '소셜미디어 채널 측면에서의 유튜브 운영 전략'을 고민해 보는 것이 의미를 가지는 이유이다.

JJamBong.com 지금의 뉴스 미디어들이 이 '괴랄한 광고 시스템'을 답습하고 있다

1) 유튜브는 소셜미디어다

SNS 중에서 유튜브는 독특한 위치에 있다. 페이스북이나 트위터 등의 유저는 이용자인 동시에 콘텐츠 제작자이다. 하지만 유튜브는 다르다. '영상'이라는 특성상 유튜브 유저들은 콘텐츠를 제작하는 이보다 단순히 이용만 하는 이들의 수가 압도적으로 많다. 즉, 이용자와 콘텐츠 제작자 간의 간극이 크다는 것. 이에 따라 '검색'은 유튜브의 중요한 축이 된다. 얼마나 많은 제작자가 '양질의 콘텐츠를 제공'하고 그것을 일반 유저들이 '검색'해 시청하는가? 유튜브의 성패는 여기에 달려 있다.

이런 측면에서 유튜브를 단순 콘텐츠 저장소나 일방적 broadcasting 채널로 활용하는 것은 적합하지 않다. 이 SNS는 영상을 기반으로 검색을 통해 유저들과 소통한다. 일방향의 TV 광고 따위와도 분명히 다른 특성이다. 💬

2) 유튜브만의 운영론을 고민하라

그럼 독자적인 생태계를 구축하는 유튜브의 운영론에 대해 살펴보자.

① 유튜브 유저를 이해하라

영상을 기반으로 반응하는 유튜브 유저를 이해하기 위한 고민이 선

JJamBong.com 참고할 만한 케이스로 국내에는 '쿠쿠크루'와 '양띵', 국외에는 '역사 속 인물 최강 랩배틀(Epic rap battles of history)', '마블코믹스', '고프로', '하이네켄', '버즈피드' 등을 참고해보시라

행되어야 한다. 이때 우리 브랜드 혹은 제품을 직접 검색해보고 어떤 특성을 갖고 있는지 살펴보는 것은 유효한 방식이다. 유튜브가 제공하는 카테고리별 이슈 영상을 참고해도 좋다.

- 우리 브랜드, 제품과 관련해 어떤 영상이 있는가?
- 인기 있는 영상은 무엇이며 어떤 영상에 특별한 반응을 보이는가?
- 인기 있는 영상과 그렇지 않은 영상에는 어떤 차이가 있는가?
- 어떤 대화를 나누고 무엇을 요구하고 있는가?

② 명확한 운영 전략을 고민하라

영상은 '돈은 돈대로 품은 품대로 드는' 콘텐츠다.▦ 만약 일회성 영상 제작을 염두에 두고 있다면 굳이 유튜브 채널을 추가할 필요가 없다. 장기적 운영을 위해서는 명확한 목표와 전략을 고민해야 한다.

- 가장 먼저 지속적인 콘텐츠 운용이 가능한가?
- 영상을 통해 무엇을 말하고 싶은가?
- 페이스북 등의 타 채널과 차별화되는 영상 전략이 있는가?
- 내부 구성원과 함께 목표를 명확하게 설정했는가?
- 영상이 핫하다는 것은 누구나 하고 싶어 한다는 의미이다. 그들과 차별화할 만한 운영론은 무엇인가?

JJamBong.com '영상이 뜬다니 우리도 해보자!' 따위의 긍정적인 접근을 하기에 만만한 소재가 아니라는 이야기

③ 유저 입장에서 채널을 최적화하라

유튜브의 채널 운영 정교화 작업은 채널의 활성화와 각 콘텐츠 확산에 결정적 요인으로 기능한다. 그런데 메인 페이지조차 제대로 구성하지 않은 채널이 생각보다 많다. 기본적인 채널 세팅부터 영상 카테고라이징, 검색 노출 점검 등 기본적인 채널 설정을 고민하라. 더불어 최신 업데이트되는 채널 변화를 지속적으로 모니터링하고 이에 맞게 최적화하는 작업이 반드시 필요하다. 이때 핵심은 '유저 입장'이다.💬

④ 콘텐츠 운영 전략을 고민하라

기업/기관이 유튜브 운영에서 가장 많이 하는 실수는 '유튜브를 개설하고 영상을 올려두는 것' 그 자체다. SNS를 잘 활용한다는 기업들도 페이스북에 들이는 품에 반에 반도 안 되는 노력을 유튜브에 투자한다. 효과적인 노출 방법부터 포스팅 스케줄과 사안별 타임라인을 마련하고 타 유튜브 채널/자사 SNS 연계 방안을 고민하는 것까지. 성공적인 유튜브 채널 운영에서 놓쳐서는 안 되는 요소들이다. 단순 '비정기적 콘텐츠 저장소'의 인식을 주는 것은 가장 지양해야 하는 운영론이다.

3) 흥하는 소셜미디어 영상은 따로 있다

'검색 노출'이 핵심인 유튜브에서 콘텐츠의 중요성을 간과해서는 안 된다. 다만, 아직도 많은 기업/기관들은 소셜미디어를 위한 영상을 '굳

JJamBong.com 사실 이게 사실 별 거 아닌 얘기 같지만, 실무단에서 '유저'가 아닌 '윗사람' 혹은 '담당자' 입장의 접근이 생각보다 훨씬 많다

이' 따로 제작하지 않는다.📱 심지어 약간의 후반 편집이나 유튜브 자체 툴만 활용해도 되는 작업조차 관심이 없다. 그러면서 유튜브를 자사 채널의 하나로 홍보하고 있다.

① 기획

소셜미디어 영상은 오프라인 영상과 다르다. 이때 '최초 공개', '뒷이야기', '풀스토리', '연계 영상', '자세한 이야기' 등은 효과적인 기획 주제가 된다. 유튜브에서 추천하는 콘텐츠 '10가지 기본 전략'은 아래와 같다.

유튜브가 추천하는 콘텐츠 기획 10가지 필수 전략

YouTube considers the 10 Fundamentals of a Creative Strategy

- 콘텐츠 공유(Shareable Contents)
- 컬래버레이션(Collaboration)
- 화젯거리(Discoverable Topics)
- 쉬운 접근성(Accessibility)
- 일관성(Consistency)
- 타깃팅(Targeting)
- 지속가능성(Sustainability)
- 유튜브 유저와의 대화(Converse With Viewers)

JJamBong.com 최근 TV 광고, 영화감독 등 내로라하는 프로 제작자가 '소셜 영상 프로덕션'에 자리를 잡는 것은 특기할 만한 일이긴 하다만

- 콘텐츠 상호작용(Interactive Contents)
- 진실성(Authenticity)

② 제작

효과적인 소셜 영상 제작에서 고려해야 할 것은 오직 '유저'뿐이다. 유튜브에서 흥하는 영상은 스마트폰으로 촬영했거나 초보의 손길이 확연히 느껴지는 것들도 많다. 유저를 중심으로 퀄리티, 호흡, CG, 편집 등에 대한 고민이 필요하다. 이는 제작 주체, 결과물, 운용 방식 모두를 아우르는 명제다.

③ SEO, 콘텐츠 최적화

제작한 영상을 어떻게 '노출'시킬 것인가에 대한 고민은 매우 중요하다. 자체적 SEO 요소를 고려하는 것은 물론이고 다양한 채널과 홍보 수단을 유기적으로 고려해야 한다. 이때 채널 운영자는 제목부터 본문, 태그, 파일 이름, 썸네일에 이르기까지 유튜브 검색엔진에 대한 기본 이해를 갖추어야 마땅하다.

핵심 키워드에 기반을 둔
타이틀, 설명문구, 태그

플레이스리스트, Transcript 문구 등의
내부 편집 요소

다른 사이트에 삽입된
Video 시간의 총합

외부 사이트에
링크된 횟수

Video
제작 시기

누적 Video
시청 시간

유튜브 채널 내의
Video Views 총합

··· 유튜브 SEO에 영향을 미치는 요소 ···

④ 광고

현시점에서 유튜브는 가장 진보한 광고 서비스를 제공하는 SNS다. 30초 과금 시스템인 '트루뷰(TrueView)'도 그렇지만 구글과 연계한 타 깃팅 시스템부터 합리적 저작권 보호장치인 Content ID까지, 이를 활 용한 노출 부스팅(boosting)을 고려해야 한다.

4) 유튜브 환경에서 활동하라

소셜미디어 측면의 유튜브 운영론에서 마지막으로 고려할 것은 '유튜브 환경'에서 활동해야 한다는 점이다.

① 유튜브 환경을 활용한 통합 채널 운영

통합적인 채널 운영에 대해 고민해봐야 한다. 영상 어노테이션 (annotation) 삽입, 본문상의 채널 안내, 타 외부 채널에서 Embed(임베드) 포스팅 활용, 홈페이지 혹은 자체 SNS 등에서의 채널 안내 등이 여기에 해당된다. 특히 통합 채널 운영단에서 콘텐츠의 유기적인 연계는 효과적인 방식이다.

② 구독자와 Timed view

구독자를 고려한 운영은 장기적 운영에 매우 중요한 요소다. 마치 페이스북의 팬처럼 유튜브 역시 구독자에게는 메인 페이지에서의 노출과 새로운 포스팅 안내 등 다양한 이점을 제공된다. 더불어 해당 영상의 '시청 시간'은 우리의 메시지를 얼마나 효율적으로 전달했는지 판가름하는 바로미터이기도 하다. 영상의 '조회수'보다 더 많은 의미를 함의한 지표인 것이다.

③ MCN(Multi Channel Network)과 컬래버레이션

CJ, SBS 등의 대기업을 포함해 웬만한 관련 사업자라면 예의주시하고 있는 MCN을 활용한 콘텐츠 제작도 고려해볼 만하다. 브랜드의 소비자,

Fan, 다양한 영상 제작자, 여타 브랜드 페이지와 연계한 콘텐츠 제작이 이에 해당된다. 기존 인플루언서를 활용해 양질의 콘텐츠를 수급하고 관련 구독자를 공유해 노출을 증대시키는 효과가 있다.

④ 분석

유튜브는 이미 꽤 괜찮은 분석 툴을 제공하고 있고 계속해서 정교화되고 있다. 여기서 제공되는 다양한 지표를 확인하고 분석해 합리적인 채널 운영/콘텐츠 제작에 활용하는 것은 유튜브의 가장 좋은 장점이다. 아직까지 몰랐다면 지금 확인해보자. 생각보다 유용한 정보가 넘쳐난다.

2. 아직도 인스타그램이 낯선 운영자를 위한 몇 가지 Tip

2014년 3월, 이미지 기반 SNS인 인스타그램 이용자가 트위터를 제쳤다. 런칭 후 3년 반 만에 전 세계 사용자가 2억 명을 넘어선 결과다. 참고로 2억 명 돌파에 트위터는 6년, 페이스북은 5년이 걸렸다. 그리고 1년 5개월 후 인스타그램 사용자 전 세계 4억 명 돌파. 바야흐로 인스타그램의 질주다.

국내에서도 그 인기가 대단하다. 닐슨코리안클릭에 따르면 2015년 1월 인스타그램의 순방문자는 428만 명으로 2년 만에 16배가 늘었다.

마케터, 커뮤니케이터가 인스타그램을 알아야 하는 이유다.🗨

1) 인스타그램이 아직 어색하다?

걱정 마시라. 블로그와 트위터, 페이스북이라는 험난한 파도에서 널 뛰어온 여러분이라면 인스타그램은 그야말로 껌. 그만큼 인스타그램의 최대 장점이자 최대 난제는 '쉽다🗨'와 연결되어 있다. 인스타그램을 이해하기 위해 딱 세 가지 키워드만 기억해두자.

① 모바일

인스타그램은 모바일에 최적화되어 있다. 여타 SNS와 같은 수준의 최적화가 아니다. 많이 개선된 편이지만 지금도 데스크탑으로는 포스팅도 못 한다. 감이 오는지?

② 이미지

현시점에서 이미지 기반의 넘버원 SNS다. 이에 따라 (극단적으로) 텍스트 따위 중요하지 않을 수 있다. 하지만 딱히 걱정할 게 없는 것이 여러분은 험난한 (이미지만 먹혀대는) 페이스북을 이미 경험하지 않았는지?

JJamBong.com 간혹 '인스타그램이냐? 핀터레스트냐?'는 질문을 하는 분도 있는데, 페이스북이 선택했으니 우리 그냥 인스타그램 하자

JJamBong.com 사실 SNS의 미덕이 '쉽다'인 적이 있기도 했는데……

③ 해시태그(#)

사실상 인스타그램에서 '팬을 얼마나 확보했는가?'는 의미 없다. 인스타그램은 해시태그라고 하는 주제(Theme)의 묶음으로 이야기하고 연결되는 구조이기 때문이다(해시태그에 대한 자세한 이야기는 〈국내와 해외의 #해시태그 활용법 차이〉 참고).

2) 인스타그램에는 타임라인 노출 알고리즘이 없다

그렇다. 엣지랭크, SEO 그런 거 없다. 그냥 시간 순서대로 올라간다. 페이스북에 익숙해진 사람이라면 어색하겠지만 과거의 트위터로 돌아갔다고 생각하면 편하다.▥ 이에 따라 몇 가지 고민해야 할 포인트가 있다.

① 타깃을 감안한 운영론 정립

타깃 소비자의 활동 시간대를 감안한 운영은 필수다. 실질적으로 인터렉션이 발생하는 효율적인 시간대를 테스트해보는 것이 좋다.

② 포스팅 주기 고려

리포트에 따르면 Global Top 100 Brand는 일주일에 5.5회를 포스팅하고 있다. 여타 채널과 같이 너무 잦은 포스팅은 스팸으로 인지될 수도 있다.

JJamBong.com 다만, 2016년 3월 인스타그램은 페이스북 초기와 비슷한 타임라인 알고리즘을 단계적으로 적용할 예정이라고 밝혔다. 그리고 트위터 역시 타임라인 알고리즘을 기본값으로 적용하기 시작!

③ 전략적 해시태그 설정

인스타그램의 핵심은 해시태그에 달려 있다고 해도 과언이 아니다. 특히 유저들은 인스타그램을 일종의 카탈로그처럼 활용한다. #맛집, #겨울목도리와 같이 해시태그로 검색하는 것이다.█ 이에 따라 고민해야 할 점은 다음과 같다.

- 전략적 태그: 기업, 브랜드, 제품, 서비스에 최적화된 태그를 고민하라.
  이때 특정 사안이나 시즈널 요소를 전반적으로 고려한 독자적 태그를 고안해야 한다. 이는 운영에 따른 ROI 지표로 설정될 수 있다
- 태그 반영: 주요 태그는 프로필에도 반영하라.
  콘텐츠 노출을 포함해 팬들의 방향성을 정해주는 역할을 한다.
- 태그 활용: 콘텐츠 집행 시 태그를 적절히 활용하라
  4~6개 정도의 태그 사용이 가장 효과적인 것으로 알려져 있다.
  전략적 태그 외에 이미지 주제, 시즈널 요소를 적절히 활용한 태그는 콘텐츠 노출에 큰 도움이 된다.

④ 광고 활용

국내에서도 인스타그램 광고가 본격화되고 있다. 기업 차원 혹은 개

JJamBong.com 최근에는 네이버가 아니라 인스타그램에서 '검색'을 통해 정보를 얻는 이용행태도 2030 여성을 중심으로 폭넓게 발견되고 있다

인 차원의 서비스를 선택해 운용할 수 있다. 현재 활용 가능한 광고는 '노출을 늘려주는 이미지 광고', '멀티이미지가 가능한 슬라이드 광고', 'CTA 설정이 가능한 링크 광고', '동영상 광고' 등으로 계속해서 추가 지원되는 추세다. 보다 높은 효과를 바란다면 한 번 고려해 봐도 좋다.

3) 팬들에게 먼저 다가서라

인스타그램에는 따로 기업, 브랜드를 위한 페이지가 없다. 공식 계정임을 비공식적인 통로로 확인시켜주고 '공식 마크'를 '체크'해주는 정도만 있을 뿐이다.💬 그렇기 때문에 채널을 홍보하고 유저들과 호흡하기 위한 전략이 중요하다.

① 계정 홍보

자사 SNS를 포함해 홈페이지, 커뮤니티 등에 채널을 연계하고 홍보한다. 배너를 설치하고 콘텐츠상에서 안내한다.

② 친구 연동

기존에 개인 페이스북 계정을 보유하고 있으며 일정 친구들이 있다면 프로필을 연동해 선팔(선 팔로잉(Following))하자. 우리 기업/기관/브랜드에 관심 있는 최적화된 팬들에게 먼저 다가설 수 있다.

JJamBong.com 이 마크가 운영에 끼치는 영향은 사실상 0이다

③ 검색 및 팬 보상

사안에 따라 해시태그 검색을 생활화라. 팬들의 이야기를 듣고 핵심 유저를 팔로잉하라. 이들의 이야기를 #regram하여 콘텐츠화할 수 있다. #regram은 일종의 공유 혹은 트위터의 RT와 같은 기능이다. #regram 자체로 팬 활동에 대한 보상 및 활성화 유도를 가능하게 하며 이미지 소스 수급에도 유효한 방식이다. "#regram + @팬 아이디" 형태로 활용된다.

4) 인스타그램은 이미지 기반 SNS다

인스타그램의 핵심은 '이미지'에 있다. 아래 내용을 참고하라.

① 인터렉션이 높은 이미지 주제

3B(Beauty, Beast, Baby), 음식, 패션 등 이미지적으로 우수한 것
기업/제품/캠페인 등의 이면 혹은 뒷이야기
사람 중심의 스토리텔링
제품/서비스의 다양한 모습과 다양한 컬러
비주얼적으로 우수하거나 디테일을 보여주는 이미지

② 인터렉션이 높은 구성/형태

감각·감성적으로 우수한 형태

클로즈업

이벤트/행사의 주요 모습을 하나의 이미지에 반영

독특한 앵글과 구성

흥미로운 스토리

순간포착, 스냅샷

기타

- 어두운 이미지보다 밝은 이미지
- 백그라운드(background) 여백을 충분히 가지고 있는 이미지
- 블루 계열을 사용하는 이미지
- 다양한 색보다 단순한 색 사용
- 채도가 낮은 이미지
- 복잡한 텍스처(texture)를 가지고 있는 이미지

③ 필터

인스타그램은 이미지를 포스팅할 때 '필터'를 선택할 수 있다. 그런데 필터에도 인터렉션이 높은 구성이 있다. 레포트에 따르면 'Mayfair' 필터가 사용대비 유저들의 높은 인터렉션을 받는다.

④ 영상

인스타그램은 60초의 영상을 포스팅할 수 있다. 여러 가지 이미지를 연결하거나 다양한 시각적 요소를 활용하도록 한다.

: 유튜브 VS 페이스북 VS MBC VS 네이버 TV캐스트, 동영상 광고 전쟁의 승자는?

2014년 12월 1일, 글로벌 최대 영상 채널 유튜브에서 상징적인 사건이 발생했다. 대한민국 방송 콘텐츠를 국내 유저에게만 비공개시킨 것이다.

MBC, SBS, CJ E&M과 같은 콘텐츠 사업자들이 이른바 'PIP(Platform in Platform; 플랫폼 인 플랫폼. 제작자(MBC 등)가 자신의 서버에 저장된 소스를 사업자(유튜브)에게 제공하는 것)' 방식을 유튜브에 요구한 것이 발단이 되었다. 동영상 광고를 둘러싼 이른바 '쩐의 전쟁'의 시작이다.

'PIP'의 핵심은 광고의 편집/운영권, 즉 광고영업행위에 있다. 유튜브는 여타 SNS와 마찬가지로 그들의 권한 안에 광고를 두고 있다. MBC와 같은 제작자들과 유저들이 유튜브 내 광고를 마음대로 조정할 수 없는 상황에서 콘텐츠 사업자들은 2014년 12월 대한민국 방송 콘텐츠 비공개 사태를 통해 이를 자신들의 입맛대로 조정하겠다는 의지를 드러냈다.

JJamBong.com 당시 싸이 강남스타일의 '유튜브 이스터에그'와 스타 Vlogger 양띵의 '골든플레이버튼' 수상 소식은 단순한 뉴스가 아닌 '유튜브발 떡밥'이었으리라

'영상이 돈이 된다'는 사실을 인지한 각 소셜미디어 주체들의 싸움은 갈수록 치열해지고 있다. 검색 포털, 방송사, 각 SNS까지 참전하고 있는 디지털 전반의 '동영상 광고 전쟁'이다.

1. 동영상 광고 전쟁

1) SMR(MBC+SBS)과 네이버 TV캐스트

MBC와 SBS가 주축이 되어 설립한 온라인 영상 광고 대행사 'SMR'이 유튜브와 각을 세우고 있다. 2014년 12월 이후 유튜브에서 이들의 방송 콘텐츠를 볼 수 없는 대신 네이버 TV캐스트에서 볼 수 있게 되었다.▪

유튜브의 '대한민국 방송 콘텐츠 비공개 사태' 이후 MBC와 SBS는 네이버 TV캐스트와 손을 잡고 좋은 성과를 내고 있다. 원하는 대로 수익 배분이 이루어진 결과겠다. 〈아이티투데이〉에 따르면 'SBS 기준으로만 보면 유튜브를 떠난 이후 수익이 150~200% 정도 증가했다'고 한다. 네이버 TV캐스트도 2015년 9월을 기점으로 순방문자 수와 체류시간이 지속적으로 상승하는 것을 확인할 수 있었다. 그리고 현재 네이버에서 TV방송을 포함해 엔터테인먼트 등과 결합한 다양한 영상을 볼 수 있다. '네이버 동영상' 이후 네이버의 귀환이 다시 현실화되고 있다.

JJamBong.com 눈치 빠른 분은 최근 네이버의 다양한 방송 콘텐츠가 이런 연유에서 나온 거구나 감 잡았을 것이다

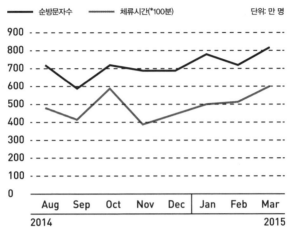

순방문자수　　체류시간(*100분)　　단위: 만 명

	Aug	Sep	Oct	Nov	Dec	Jan	Feb	Mar

2014년 12월을 기점으로 순방문자, 체류시간 모두
지속 상승하는 것을 볼 수 있다

··· 네이버 TV캐스트 모바일 및 네이버미디어 플레이어 변화 추이 ···

2) MCN을 표방한 CJ

CJ는 본격적으로 한국의 MCN을 표방하면서 독특한 행보를 걷고 있다.

유튜브 입장에서 '다양한 콘텐츠 제작자와 제휴해 제작·운영·관리 등의 도움을 주는 기업화된 단체'라는 의미로 CJ, SBS, MBC 등을 일종의 MCN이라 볼 수 있다. 한류의 붐으로 커지게 된 몸집을 SBS, MBC가 자신들만의 목소리로 내고 있다면, CJ는 유튜브를 적극적으로 활용하는 편에 섰다. 이것이 바로 CJ E&M '크리에이터 그룹'이다. 양띵, 쿠쿠크루, 대도서관 등 우리가 알 만한 스타 제작자는 웬만하면 다 여기에 소속되어 있다.█ 양질의 콘텐츠를 수급하고자 하는 유튜브의 니즈와 전문적인 콘텐츠를 제작·배급하는 MCN의 이해관계는 앞으로도 잘 맞아 떨어질 듯하다.

3) MCN과 스타 유튜버(혹은 Vlogger) 그리고 유튜브 전성기

유튜브와 같은 동영상 서비스의 성패는 '얼마나 많은 제작자가 양질의 콘텐츠(영상)를 만들어내느냐'에 달려 있다.

MCN과 함께 스타 유튜버의 출현은 유튜브의 부흥을 이끄는 든든한 버팀목이다. 해외의 '역사 속 인물 최강 랩배틀', 'Eat Your Kimchi' 국내의 '쿠쿠크루', '양띵' 등이 이에 해당된다. 싸이까지 언급하지 않아도 EYK, 양띵 등의 연 수익은 평범한 직장인의 가슴을 더욱 시리게 한다.█ 유튜브는 이 기본체력(!)을 바탕으로 트루뷰와 같은 합리적인 광고 과금 시스템을 갖추고 다양한 카드 형태의 아이템까지 속속 선보이고 있다. 콘텐츠ID시스템, 무료 음원 공개 등 저작권과 관련한 선도적 시스템의 뒷받침도 주목할 만하다.

JJamBong.com 해외에는 'Revision', 'Fullscreen' 등의 기업화된 MCN이 있다. 그리고 최근 SBS, MBC를 포함해 KBS, 중앙일보 등도 MCN 사업에 적극 뛰어들고 있다. 이는 전 세계적인 흐름이다

JJamBong.com 이런 흐름을 타서 일단의 파워블로거들은 유튜브로 활발히 진출 중이다

4) 구글 유튜브와 그냥 페이스북의 위엄

소셜미디어계의 공룡 페이스북은 동영상 광고 전쟁에 가장 적극적으로 나섰다. 구글 유튜브와 그냥 페이스북의 대결인 것이다. 물론 트위터나 인스타그램과 같은 여타 SNS는 물론이거니와 페리스코프, 미어캣 등 영상 SNS들도 나름의 흥행을 꾀하고 있지만 감히 페이스북에 비할 수가.

실제로 페이스북은 2014년 11월에 이르러 '영상 콘텐츠 공유 수'에서 유튜브를 앞질렀다. 최근에 페이스북이나 유튜브 관계자들을 만나면 '서로가 서로보다 낫다'를 주장하는 진풍경을 발견하기도 한다.

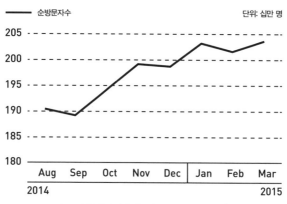

SMR과의 결별 이후에도 승승장구하는 유튜브

··· 구글 유튜브 모바일 앱 순방문자수 ···

JJamBong.com 다만, 홀로 '우리가 낫다'를 주장하는 트위터는(···)

: 　　　　　　　 중국 소셜미디어 SNS 마케팅 핵심 포인트

최근 국내 디지털/소셜미디어 판도는 글로벌로 급격히 이동 중이다.

한국 제품을 해외에 팔든 외국 제품을 한국에 브랜딩하든 마케터, 커뮤니케이터의

'외국어 능력'은 소셜미디어 분야에서도 필수요소다.

인구 13억, 액티브 인터넷 유저 6억 그리고 액티브 소셜미디어 계정까지⋯⋯ 수치만 봐도 글로벌 SNS 측면에서 중국의 가능성 및 중요성에 대해 굳이 언급할 필요가 없다.

잘나가는 중국 소셜미디어와 SNS 마케팅
핵심 포인트를 짚어보자.

JJamBong.com 짜증이 확(⋯)

1. 중국 소셜미디어 시장의 4가지 키워드

중국은 사회주의 국가다. 세계 최다 인구, 엄청난 땅덩어리, 객관적·주관적 지정학적 위치가 복잡하게 뒤섞여 있으며 가까운 미래에 세계 흐름의 패권을 다시 잡을 것이 거의 확실해 보이는 나라다.

중국의 디지털/소셜미디어와 SNS,
상당히 복잡하다.

1) 폐쇄성과 카피캣

중국 소셜미디어 시장을 설명하는 첫 번째 키워드는 폐쇄성과 그에 따른 카피캣(Copycat)이다. 우리가 흔히 아는 SNS, 즉 페이스북이나 구글, 유튜브나 트위터 따위는 중국에서 아예 안 되거나 한정적으로 구현된다. 그리고 중국은 이와 비슷한 서비스를 모조리 만들어냈다. 중국 소셜미디어 마케팅의 핵심은 이 카피캣들로 구현되는 것들이다.💬

2) 상상을 초월하는 규모와 속도의 경제

두 번째 키워드는 규모와 속도의 경제이다. 중국은 등록 인구만 해도 13억 명. 이 인구가 디지털/소셜미디어상에서 매우 발 빠르게 움직이고 있다.

JJamBong.com 얼마 전 주커버그가 톈안먼에서 조깅하는 사진을 페이스북에 올려 화제가 될 정도. 그런데 그의 아내는 중국계 미국인(!)

SNS 인구

6억 3천만 명
(미국 인구의 2배)
중국 인터넷 인구
6억 4천만 명

**6개월 내
SNS 접속률**

인터넷 이용자의
91%

**액티브 모바일
접속**

13억 명
액티브모바일 계정은
5억 개. 2017년에는
7억 5천 개에
이를 것으로 예상

중국 유저 vs 전 세계 유저

중국대표 SNS
QQ

8억 3천만 명

링크드인
+
트위터
+
인스타그램

7억 1천만 명

··· 스케일부터 남다른 중국의 소셜미디어 ···

3) 왕민과 관계의 중요성

중국의 네티즌은 '왕민'이라 불리운다. 이들은 젊고(40세 이하 70%) 고졸 이상의 학력을 가졌으며 중산층 이상의 부(월 소득 2,000위안 이상 70%)를 갖고 있다. 그리고 중국 특유의 문화 '꽌시', 즉 관계를 중요시한다. 정, 의리, 신뢰에 기반을 둔 '펑요우(친구)'의 개념은 중국 소셜미디어를 이루는 근간이라 할 수 있다.

4) 높은 신뢰도

폐쇄성과 정부 당국의 정보 통제에 힘입어 실제로 중국의 SNS는 다른 미디어보다 높은 신뢰도를 유지하고 있다. 최근 중국 정부는 주요 온라인/디지털 회사에 정부 관료를 상주시키는 정책까지 쓰고 있지만 6억 이상의 유저로부터 쏟아지는 실시간 콘텐츠들을 통제하기는 쉽지 않을 것이다.💬

2. 활용 가능한 중국 SNS 베스트 5

독특한 중국 소셜미디어 시장.
현시점에서 어떤 SNS를 참고해야 할까?

1) QQ

중국판 스카이프 혹은 미니홈피, 유저 8억 3천 명.

웨이보(Weibo; 마이크로 블로그를 뜻하는 중국어)를 운영하는 중국의 콘텐츠 공룡이자 No.1 게임 퍼블리셔 '텐센트'에서 제공하는 SNS다. 종합적인 커뮤니케이션 기능을 하는데 마이크로 블로깅을 포함해 온라인 소셜게임, 음악, 쇼핑, 메시지, 보이스챗 등으로 구성되어 있다. 들어가 보면 알겠지만 초창기의 싸이월드 미니홈피나 세이클럽을 보는 느낌이다. 중국 SNS에서 보이스챗이 자주 활용되는 이유는 중국어 타이핑의 기능적 한계 때문. 주요 액티브 유저는 젊은 층으로 2급 도시 거주민

JJamBong.com 국가 단위 검열 프로젝트인 '황금방패(金盾)'다. 가능성은 둘째치고 이것이 현실화된다면 중국의 미래는 그다지 밝지 않으리라

으로 알려져 있다. 우리나라 주민등록번호처럼 인터넷 서비스에 가입할 때 QQ ID를 입력할 정도로 범용적인 SNS로 발전했다.

2) 큐존(QZone)

중국판 블로그, 유저 7억 5천 명.

QQ에 이어 또 하나의 텐센트 작품이다. 큐존은 블로그 운영 및 음악, 이미지 등을 공유하는 채널로 기능한다. 특히 '공유' 기능이 타 채널에 비해 폭넓게 이루어지고 있다(시나 웨이보의 4배, QQ의 20배). 플랫폼 특성상 QQ가 마케팅적인 활용이 다소 어려운 구조인데 반해 큐존은 기업/브랜드에 의해 많이 활용되는 편이다. 2014년 샤오미는 Redmi를 큐존에서 팔아 1,500만 대를 선주문 받았다고 한다. 주요 유저는 젊은 층과 농촌 거주민인 것으로 알려져 있다.

3) 시나 웨이보

중국판 트위터, 유저 6억 명.

2015년 초반 자료에서는 텐센트 웨이보 유저가 더 많았으나 최근에는 시나 웨이보의 유저 수가 비약적으로 증가한 것으로 나타났다. 시나, 텐센트 등 다양한 업체들이 트위터 카피캣을 만들어 엎치락뒤치락 하고 있다.

JJamBong.com 아(…) 대륙의 위엄

글로벌단의 트위터와 마찬가지로 중국에서도 마이크로 블로그의 성장 가능성에 대한 의문이 존재하는 상황이다. 마케팅적 한계와 유명인 위주의 활성화가 주요 논쟁 요소다. 트위터와 마찬가지로 2 way communication이나 자그마한 캠페인 중심으로 그 가능성이 점쳐진다. 주요 유저는 1급 도시 중 고등교육을 받은 이들로 알려져 있다.

4) 위챗(WeChat)

중국판 카카오톡, 유저 4억 7천 명.

2016년 최고의 기대주. 일종의 와츠앱이나 카카오톡이라고 보면 되는데 또 텐센트 작품이다.▀ 전화나 그룹챗, 화상통화, 위치기반서비스 등을 보유하고 있는데 이에 따른 E-커머스 쪽 활용도도 뛰어나다. 특히 모바일 기반으로 가장 활성화된 SNS로서 위치기반이나 로그인된 빅데이터를 활용한 다양한 광고 상품이 큰 역할을 한다. 글로벌을 지향해 한국어를 포함한 다수의 언어도 제공한다. 주요 유저는 1급 도시 중 교육받은 이들로 알려져 있다.

5) 런런왕(RenRen)

중국판 페이스북, 유저 2억 명.

런런왕은 UI, 구성, 활용법 등은 물론이고 학교 친구를 기반으로 하

는 탄생까지 모두 페이스북을 빼다 박았지만 그 흥행까지는 페이스북을 카피하지 못했다. 특히 모바일에서는 몇 번의 헛발질도 했고……〈ClickZ〉의 표현을 빌리면 '마이스페이스가 페이스북에 밀리듯' 이용자가 줄어드는 추세다. 페이스북 초기처럼 대학생이 주요 유저이다.

3. 중국 소셜미디어 SNS 마케팅 활용 포인트 5

마지막으로 기업/기관이 중국 시장에서 고려해야 할 5가지 마케팅 포인트를 정리한다.

1) 각 플랫폼 간 채널 믹스

우리나라 기업들이 중국 SNS 활용에 있어 간과하는 점은 '중국 SNS 시장이 급격하고 거대하게 변화한다'는 것이다. 각 채널의 최신 리포트를 지속적으로 모니터링하고 그에 맞는 운영론을 도입해야 한다. 이때 웨이보나 특정 채널 중심이 아니라 채널 특성에 맞는 다채널 전략이 필요하다. 나이대에 따른 채널 전략 또한 놓치면 안 된다. 글로벌단과 마찬가지로 중국의 10대들도 부모나 선생님이 이미 침범한 위챗에서 벗어나기 위해 다른 채널을 끊임없이 찾고 있다. 현시점에서 그들의 귀결점은 일종의 인스타그램인 'NICE'와 일종의 Vine인 'MeiPai'이다.

2) 검색 포털과 SNS의 연계 커버

중국도 우리나라와 마찬가지로 온라인 환경 특성상 SNS가 검색 포털을 완벽하게 커버하지 못한다. 그러므로 온라인 검색에 기반을 둔 커버리지와 SNS상의 버즈를 모두 고려한 전략 설정이 필요하다. 이에 따라 바이두와 같은 검색 포털에서 노출되는 블로그와 별개의 SNS를 적절히 활용해야 한다. 특히 검색포털 바이두는 홈페이지보다 블로그를 통해 검색키워드 쿼리에 접근하는 것이 보다 쉽고 용이하다.

3) 유저 이해에 기반을 둔 체계적·지속적 접근

왕민을 이해하고 그에 따른 운영 및 콘텐츠를 기획할 필요가 있다. 중국 문화에 대한 이해와 열린 자세를 바탕으로 한 접근, 지속적인 관계 개선과 VOC(Voice Of Customer) 대응 등이 이에 해당된다. 중화사상에 기반을 둔 중국식 표현·관습·문화에 대한 이해와 직접적인 활용, 연계한 CSR, CRM 역시 주요 요소이다. 이때 '기업계정인증'을 놓치면 안 된다. 중국의 소셜미디어는 정보 통제에 따라 엄격한 관리를 받는다.💬 다만 인증을 받으면 채널 차원에서 따로 분류되어 노출되고 공식 이벤트를 진행하기 위한 페이지도 받게 되므로 신뢰도가 높아지는 효과가 있다.

JJamBong.com 유명인이나 기업의 경우 그 정도가 더 심하다

4) 사용자 경험 '공유'에 기반을 둔 접근

중국 미디어의 폐쇄성에 따른 대안으로 SNS가 조명 받고 있다. 이는 정치, 경제뿐만 아니라 사용자 경험에 대한 태도에서도 드러난다. 실제로 중국인들은 기존 미디어보다 블로그를 가장 신뢰할 수 있는 매체로 평가한다.

중국인에게 생소한 글로벌 브랜드의 경우 사용자 평가, 구매 경험 등의 리뷰와 이를 활용한 공유는 그 자체로 중요한 역할을 하므로 적절히 활용하기만 한다면 효과를 배가시킬 수 있을 것이다. 각 쇼핑 사이트의 리뷰에 대한 관리도 매우 중요한데 조사에 의하면 중국 디지털 버즈의 70%가 쇼핑 사이트 리뷰에서 나온다고 한다(나머지 30%는 SNS, BBS 등).

5) 모바일 퍼스트

중국 역시 모바일 환경이 급속도로 구축되고 있으며 이를 배경으로 SNS가 뜨고 있다. 인구 및 SNS 파급력과 비례해 다른 나라보다 더 드라마틱한 변화가 모바일 환경에서 나타난다. 이에 따라 채널 선택, 운영, 콘텐츠 기획 모두 모바일을 중심으로 한 사고가 필수다. 더불어 기존 온라인 서비스나 SNS 역시 모바일에 특화된 서비스를 지속적으로 선보이고 있으므로 관련 정보에 지속적으로 귀를 기울여야 한다.

#SOCIALMARKETING2.0

CHAPTER 03

페이스북의
장기 집권과
채널 포화

소셜미디어 VS 소셜마케팅

소셜미디어가 성숙기에 이르면서 패러다임을 장악한 페이스북의 집권이 장기화되고 있다. 현재 기업/기관의 페이스북 활용도는 90%를 웃돈다(by KPR 소셜커뮤니케이션연구소, 2015).

페이스북 중심의 SNS 운용론이 이미 포화 상태란 이야기다.

페이스북 퀴즈 하나.

내가 운영하는 페이스북 페이지의 팬이 100명이다.

콘텐츠를 올리면 몇 명이 볼까?

2013년 중순까지는 16여 명이었다.

현재는?

1명이라도 보면 다행이다. 광고를 태우지 않은 순수 오가닉 리치

JJamBong.com 실제로 기업/기관의 '콘텐츠당 팬 수 대비 오가닉 리치(%)'는 2~3%를 전후하는 형편이다

(organic reach)로는 노출 자체가 되지 않는 채널 환경이 되었다는 이야기다. SNS의 광고 채널화는 페이스북을 중심으로 거부할 수 없는 흐름이다.

페이스북 담당자들의 이야기를 들어보면 한 걸음 더 나아간다.
"페이스북은 더 이상 소셜미디어가 아닙니다."
그럼 뭘까?
마케팅 플랫폼이란다. 이에 더해 마케터, 커뮤니케이터들은 세일즈 리드, 마케팅적 활용, 판매 연계 등의 다양한 접근법을 고민한다.
말하자면 '소셜마케팅'이다. 물론 오가닉 리치에 대비한 페이드 리치(paid reach; 광고를 활용한 일종의 유료 노출)가 몇십 몇백 배를 앞서버리는 상황에서 오가닉 리치에 기반을 둔 운영 및 콘텐츠 정교화를 논의하는 상황 자체가 참으로 민망한 것은 사실이다. '소셜미디어는 브랜딩 채널이다'고 부르짖기에 메시지 포화와 채널 환경의 변화가 너무도 뚜렷하다.

소셜미디어는 기본적으로 1인 1미디어로서 다양한 목소리가 공존한다. 이른바 '미디어의 민주주의'를 실현한 셈이다. 그리고 기업/기관은 SNS를 개개인과 직접 커뮤니케이션할 수 있는 효과적 브랜딩 채널로 활용해왔다. 이런 상황에서 '많은 유저가 몰리고 트래픽이 발생하므로 광고 채널로 접근하자'가 답일까?

한 기업의 SNS 담당자와 나눈 대화가 떠오른다.

"SNS를 하면 판매 신장에 도움이 되나요? 그게 트랙킹 됩니까?"

여기서 '광고 적용하면 됩니다'라고 답하면 결국 자기부정이 되는 게 아니냔 말이다.

기업/기관의 SNS는 캠페인이나 광고, 이벤트로 '마케팅적 접근'을 꾀해볼 수 있다. 하지만 이를 전체 운영 아젠다(agenda)로 고려하는 순간 '굳이 SNS를 장기간 골치 아프게 운영할 필요가 있을까' 싶어진다. 광고 효율을 높이기 위해? 글쎄다……

어느 시점부터 소셜미디어에 '캠페인단'이나 '광고'적 접근이 흥하고 있고, 채널 환경은 이를 더욱 부추기고 있다.

개인적으로 그 시점부터 소셜미디어는 소진되기 시작했다고 생각한다. 인간 문명 이래 처음으로 주어진 이 혁신적 소통의 채널을 우리 스스로가 야금야금 갉아먹고 있다는 것이다. 나도 어떻게 해야 할지 잘 모르겠다. 소셜미디어의 기본으로 돌아간 소통과 장기적 관계에 기반을 둔 채널 운영? 말만 들어도 힘들다.

SNS의 미래는 불투명하다.

이것이 소셜미디어의 현재진행형 진실이다. 그렇다면 다음은 무엇일까? 어떤 움직임이 일어날까? SNS는 어떤 방향으로 발전할까?▀

JJamBong.com 그걸 알면 제가 이러고 있겠습니까

:   # 소셜 광고학개론; 리타깃팅과 SNS 광고 최적화

기업 페이지 포화, 돈이 필요한 SNS, 쌓여가는 빅데이터……

필연적 귀결점이다.

현 상황에서 '광고'는 사실상 가장 확실하면서도 유일한 SNS 운영담론이다.

이 중에서도 '리타깃팅(Retargeting)'은 소셜 광고의 핵심 아젠다이다.

소셜미디어는 효율적이면서 가장 진보한 '광고 플랫폼'의 위용을 뽐내고 있다. 커뮤니케이션 관점에서 유의미함은 증명했다. 그렇다면 보다 적확하게 메시지를 전달할 방법은 무엇일까? 광고 플랫폼 소셜미디어의 해법은 '타깃팅(targeting)'이라고 말한다.

1. 소셜 광고, 왜 리타깃팅인가?

2012년을 전후로 국내에서도 빅데이터가 주목을 받기 시작했다. 그리고 SNS는 말 그대로 '빅' 데이터를 보유하게 되었는데 '로그인 기반 유저 정보'라는 측면에서 이들이 보유한 데이터의 수준은 특히나 고품질

이라고 할 수 있다.

이를 활용한 소셜 광고의 핵심이 '리타깃팅'이다. 'Right Target, Right Ads, Right Placement'로서 보다 정교화된 타깃에게 정확한 메시지를 효과적인 방법으로 전달하는 것. 물론 이러한 방법론은 고도화된 광고 시장의 여타 미디어에서도 찾아볼 수 있다.■ 다만 소셜 광고는 방대한 데이터에 기반해 커뮤니케이션 전반에서 가장 효과적이고 실질적인 결과를 만들어낸다. 진정한 의미의 세일즈 리드 혹은 마케팅적 접근이 가능한 채널이 된 것이다.

2. SNS별 효과적 광고 포인트

광고의 정교화는 페이스북을 필두로 전 채널에 걸쳐 현재진행형이다. 각 채널들은 여기에 사활을 걸고 경쟁 중이다. 그동안 기업/기관에 관심이 없었던 콧대 높은 그들이 1:1이나 세미나를 통해 영업 활동에 매진하는 이유도 여기에 있겠다.

커뮤니케이션 측면에서 효과가 높은 순으로 채널별 광고 포인트를 정리했다.

JJamBong.com 골프TV나 청소년신문의 광고를 본 적 있는지? 리타깃팅이란 말하자면 그런 거다

1) 페이스북

페이스북 광고는 세분화된 타깃팅부터 이에 최적화된 광고 방식까지 이미 채널적으로 확실한 기반을 갖췄다. 대세 SNS인 만큼 양이나 질적인 면에서 다른 채널을 압도하며 유의미한 결과물을 만들어내기도 한다. 여기서 멈추지 않고 E-커머스, 미디어, 동영상에 이르기까지 지속적인 상품군을 갖추어나가고 있다.█ 무엇보다 이 대세 SNS는 광고를 이용하지 않으면 운영 자체가 힘들다는 점에 주목해야 한다.

2) 유튜브

현시점까지는 '영상'에 관한 한 가장 효과적인 광고 채널이다. 100% 영상 기반의 함축적 메시징(언어 불문), 폭넓은 유저, 페이스북과 비교할 수 없는 검색(구글과 연계한 GDN(Google Display Network)을 활용한 타깃팅), 콘텐트 아이디(Content ID), 트루뷰 등 독자적이고 선도적인 광고 시스템도 참고할 만하다. 더군다나 타 채널과 달리 '광고 수익을 광고주에게' 돌려주기도 한다! 구글과 연계해 소셜미디어와 검색엔진, 주요 사이트를 연계하는 전략을 고민해 보는 것도 좋다.

3) 트위터

격변의 시기를 보내고 있다. 역시 E-커머스, 미디어, 동영상 측면에서 주목해 볼 수 있다. 특히 최근 트위터의 메인화면 개선과 뉴스피드 알

JJamBong.com 최근에는 각 페이지가 자체적인 광고를 합법적으로 돌릴 수 있는 네이티브 광고까지 제도적으로 지원하는 추세이기도(…)

고리즘 적용은 소셜 광고 측면의 관전 포인트이다. 이와 함께 소상공인, 소규모 유저들에게 특화된 서비스들도 참고할 만하다. 그러나 아직까지 광고 효과가 페이스북처럼 드라마틱한 편이 아니며 타깃팅의 이점도 크게 보이지 않는다.

4) 인스타그램

2015년을 기점으로 본격적인 광고 서비스를 선보이고 있다. 페이스북 지원에 따른 효과적인 타깃팅, 광고에 아직 오염되지 않은 청정 채널 등의 특징에 주목할 필요가 있다. 'Marquee' 혹은 'Self Serve'를 통해 선택적 광고를 진행할 수 있으며, 노출을 늘려주는 이미지 광고, 멀티이미지가 가능한 슬라이드 광고, CTA 설정이 가능한 링크 광고, 동영상 광고 등이 있다.

3. 소셜 광고 최적화의 5가지 요소

소셜 광고 어떻게 만들까?

김새는 소리부터 하자면 '직접 집행하면서 지속적으로 정교화하시라'에다가 '페이스북은 몇만 원으로도 집행이 가능하니 실전을 통해 감각을 익히세요'까지 덧붙이겠다. 사실 책에서 몇 자 훈수 두는 것보다 이

게 제일 효과가 있다.■

소셜 광고 최적화를 위한 5가지 요소를 독자 여러분께만 소개한다.

1) 타깃팅

소셜 광고 최적화의 첫 번째 요소는 '타깃팅'이다. 소셜 광고는 다양하고도 적확한 타깃 설정이 가능하기 때문에 타깃팅을 활용해 메시지의 효과적인 전달을 가능케 하는 토양을 갖춰야 한다.

메시지를 효과적으로 전달할 토양을 갖추는 것이 필요하다. 해보면 알겠지만 실로 다양한 타깃 세분화가 가능하다.■ 물론 타깃이 좁아질수록 집행 단가는 상승한다. 다만, 단순한 양적 접근으로부터 벗어나 구매, 행동 등의 전환율(conversion rate) 측면에서 정교한 타깃팅이 한결 높은 효과를 거둘 수 있는 것은 자명한 사실이다. 페이스북의 경우 '웹사이트 맞춤 타깃(custom audiences)' 등을 통해 웹사이트에서 특정 행동을 한 유저(이를테면, 구매 버튼을 클릭한 사용자)를 취합해 그들을 대상으로 하는 광고를 활용해볼 수도 있다.

2) 위치와 광고 상품

두 번째 요소는 '위치와 광고 상품'이다. 채널마다 지속적인 변화가 있

JJamBong.com 진짜로 그렇습니다(…)
JJamBong.com 그만큼 SNS 그들은 당신에 대해 잘 알고 있다. 때론 당신 자신보다 더

는 항목이므로 최신 항목을 참조하되 '모바일'과 '타깃 선호도'를 고려해 지속적으로 더 나은 결과를 만들어 나가야 한다.

3) 비딩

소셜 광고 최적화의 세 번째 요소는 '비딩'이다. 소셜 광고는 기본적으로 RTB(Real Time Bidding) 방식이다. 소재나 시기에 따라 비딩을 통한 가변적 광고 비용을 적용하는 것. 채널마다 차이가 있지만 아래의 평가 기준을 참고하도록 하자.

평가 기준	내용
CPM (Cost Per Mille)	**주요 목표: 노출** **방식: 기본적으로 천 명당 노출 볼륨으로 비용 산출**
	정교한 타깃팅이 가능해 여타 디지털 광고에 비해 CPM 가격이 비싼 편. 평가 기준은 비용대비 노출 횟수.
CPC (Cost Per Click)	**주요 목표: 액션(행동)** **방식: 클릭당 비용 산출**
	노출과 액션을 합해 CTR(Click through Ratio)의 값으로 광고의 성공 여부를 평가하기도 함. 노출에 대비한 행동의향이라 할 수 있으며 이 값이 클수록 효과적인 집행이라 볼 수 있음. CTR이 높아도 실질적인 행동(구매)이 발생하지 않는다? 어그로 클릭만을 유도한 것.
OCPM (Optimized Cost Per Mille)	**주요 목표: 최적화된 집행** **방식: 페이스북에서 제공하는 최적화 비딩 방식**
	자체적으로 반응이 좋은 타깃군에게 더 많은 노출을 진행. 형태상 장기적인 집행 시 보다 정교화 및 고효율을 거둘 수 있음.

4) 메시지와 형태

네 번째 요소 '메시지와 형태'이다. 집행 목표, 채널 특성, 다루는 아이템, 타깃, 제반 사항 등에 따라 메시지와 형태를 고려해야 한다. 이때 다양한 소재, 메시지, 형태군의 A/B테스트를 통해 더 나은 결과 값에 더 큰 비용을 집중시킬 수 있다. 집행 목표와 최적화된 결과 값을 선정해 효과를 극대화시켜야 한다.

5) 평가

소셜 광고 최적화의 마지막 요소는 '평가'다. 리타깃팅 그리고 소셜 광고는 정교화의 과정이다. 더군다나 SNS는 피곤할 정도로 많은 데이터를 유저들에게 제공한다. 이를 바탕으로 지속적인 평가와 수정 작업을 계속해야 한다.

JJamBong.com 실제로 하나의 광고에 몇십 개의 소재를 테스트하는 경우도 많으며, 이미 예상하셨을 거라 생각하지만 이는 '매우' 지난한 작업이다(…)

진화하는 바이럴 마케팅 6가지 고민 포인트

바이럴(viral)을 아시나요?

마케팅 커뮤니케이션에서 이 단어는 제품, 브랜드 혹은 특정 메시지를 확산시키는 기법의 하나로 흔히 이해된다. 그런데 소셜미디어가 부흥하고 디지털의 다양한 방법론이 도래하고 있는 현시점에서도 마케터, 커뮤니케이터가 생각하는 바이럴의 모습은 여전히 블로그나 카페, 이벤트, 지식인 정도에 머무르지는 않은지?

굳이 부연하지 않아도, 구글은 물론, 네이버의 검색 노출 알고리즘은 지속적으로 개선되고 있다. 블로그의 신뢰도는 끝없이 하락 중이고 검색 포털 어뷰징은 민망한 수준. 카페는 한물갔다고 하고 지식인은 초딩들이나 참고한다. 그것뿐인가? 이슈 커뮤니티의 눈치는 하늘을 찌르고 좋아요 이벤트를 하지 않는 기업은 찾기도 힘들다.

기존의 방법론이 한계에 이른지는 이미 한참 전의 일이다.
어떻게 할 것인가.

1. 인플루언서를 바라보는 새로운 관점을 고민하라

가장 강조하고 싶은 것은,
이른바 '블로거'로 대표되었던 인플루언서에 대한 관점의 변화이다.

검색 포털의 변화와 블로거의 신뢰도 저하는 부연할 필요가 없다. 단순 상업성 리뷰와 이를 피하는 비책(?) 따위도 일회성에 지나지 않는다. 인플루언서에 대한 새로운 접근이 필요하다.

첫째, 인플루언서를 단순히 영향력 측면이 아닌, 실질적 전문성과
콘텐츠 작성 능력 등을 종합적으로 고려해 규명하고 선정해
야 한다.
둘째, 단순히 이들을 콘텐츠 필진이나 이벤트/프로모션 버즈, 단

순 리뷰어로 활용하는 형태는 한계가 명확하다. 제품 개발단
부터 장기적 관계를 형성하거나 다양한 활동과 연계한 우군
으로 '양성'할 필요가 있다.

셋째, 이때 '블로그'뿐만이 아닌 페이스북, 인스타그램, 유튜브 등
다양한 채널의 브랜드/제품에 최적화된 오피니언 리더를 발
굴해야 한다.🔲

2. 비주얼 소스에 기초한 접근을 고려하라

현시점에서는 단순히 텍스트에 기반을 두는 게 아니라 비주얼적인
요소를 고려하는 것이 얼마간 유효한 방식이다. 이미지, 영상, 웹툰 등
이 여기에 해당된다. 비주얼 소스를 활용한 콘텐츠는 스팟성에 잘 어울
리고, 빠르며, 함축적 메시지와 함께 시각적 효과도 뛰어나다. 모바일이
나 다양한 Handheld 디바이스에 적합하기도 하다. 이때 MCN과 같은
전문 제작 집단과의 협업도 고려해 볼 수 있다.

3. 영향력 있는 유저 커뮤니티를 공략하라

네이버 카페와 같은 '커뮤니티'가 한물갔다고 하지만, 핵심 타깃군에

JJamBong.com 이 내용은 〈Chapter 06. 사람들은 왜 네이버를 싫어할까?〉를 참고하시라

게 집중도 있게 메시지를 전달할 수 있는 대안(혹은 공간)은 아직 모르겠다. 요는 기업/기관의 마케팅 활동에 익숙해진 유저를 끌어들일 수 있는 보다 '진보한 방식'에 있다.

이때 '디시인사이드', 'SLR클럽', '오늘의유머'와 같은 이슈 커뮤니티를 간과해서는 안 된다. 이 커뮤니티들의 아젠다 세팅 능력은 전통 미디어의 영향력과 대등한 수준이다.

페이스북 페이지와 같은 새로운 형태의 커뮤니티도 고려해볼 수 있다. 이때 중요한 것은 첫째, 타깃 유저의 디지털 라이프 사이클에 최적화된 커뮤니티의 선정 둘째, 기업/기관 마케팅 활동에 익숙한 유저를 감안한 새로운 접근 셋째, 커뮤니티 톤앤매너를 고려한 진정성 있는 접근에 있다.

4. 네이티브 광고(Native AD)를 활용하라

일종의 디지털판 PPL 혹은 유가 광고라고 볼 수 있는 네이티브 광고 역시 바이럴 측면에서 고려해 볼 수 있다. 허핑턴포스트, 위키트리, PPSS, 슬로우뉴스, 쉐어하우스와 같은 이슈 큐레이션 혹은 소셜 큐레이션 미디어는 네이티브 광고에 최적화되어 있다. 특히 이 개념은 국내에서 아직 초기 단계로 선점 효과와 함께 앞으로의 가능성을 기대해볼 수 있다.

이러한 미디어 외에 '팟캐스트'도 효과적일 수 있다. 네이티브 광고 측면에서 팟캐스트는 진행자의 캐릭터가 제품에 반영되는 독특한 구성을 취한다. 말하자면 진행자의 인지도 및 신뢰도가 광고 제품에 반영되는 형태인 것이다. XSFM "그것은 알기 싫다", 한겨레TV "파파이스"가 이러한 활용의 대표적 예이다. 주요 방송의 경우 회당 십만에서 백만 단위의 청취자가 있으며 직접 다운로드하는 특성상 높은 열청률까지 보장된다. 비교적 마이너한 성향 탓에 아직 활용도가 낮지만 저렴한 광고료는 큰 장점이다.

5. 유저 입장에서 광고와 이벤트를 정교화하라

사실 바이럴은 광고와 결이 다르다. 다만 소셜 커뮤니케이션 측면에서 광고는 비교적 적은 비용으로 높은 확산 효과를 기대할 수 있다. 이에 따라 효과적인 메시지 전달 측면에서 소셜 광고를 고려해 봄직하다.

이와 함께 타깃 대상 '이벤트'를 함께 고민하자. 단순히 팬, 방문자 등 양적 지표만을 위한 집행이 아니라 핵심 타깃과의 접점을 넓히고 그들의 목소리를 취합해 자사의 콘텐츠를 확산시키기 위한 기획을 고려해야 한다. 세상에는 많은 이벤트가 있다. 정교한 기획만이 흥하는 이벤트를 만든다.

6. 자체 채널을 점검하고 콘텐츠를 활용하라

바이럴 측면에서 기업/기관이 보유한 자체 채널은 꼭 챙겨야 할 플랫폼이다. 먼저 홈페이지, SNS 등의 자체 미디어를 운영 측면에서 살펴 보고 안정적으로 메시지를 전파할 수 있는 기반을 다져야 한다.

이를 바탕으로 독자적 바이럴 프로그램을 진행하거나 진행 중인 프로그램의 추가 확산, 타깃 보이스 취합 등의 프로그램을 고려해볼 수 있다. 지속적인 Owned Media 운영과 사안에 따른 프로젝트성 프로그램의 연계는 메시지 전파를 극대화하는 가장 확실한 전략이다.

: **성공적인 디지털 이벤트/프로모션 기획법**

비단 소셜미디어가 아니라도 '이벤트/프로모션'은 마케팅 홍보에서 흔하디 흔한 활성화 전략이다. 그런데 지금 이 순간에도 수많은 이벤트/프로모션이 본래 목적을 잊고 타임라인상을 배회한다.

무엇보다 '제대로 된 기획'을 고민해야 할 시점이다.

"이벤트/프로모션을 했는데 여차저차 해서 잘 안 됐다."

마케터, 커뮤니케이터들에게 흔히 들을 수 있는 이야기다. 그런데 찬찬히 살펴보면 '애초부터 안 될 만한' 이벤트가 많은 자본을 들이면서까지 집행되곤 한다.

소비자는 진화한다. 기업의 마케팅 활동에 유저들이 익숙해지면서 소셜미디어도 예외는 아니다. 이벤트 참여자 중 80~90%가 체리피커 (cherrypicker; 기업/제품과 상관없이 경품만을 노리는 사용자)다. 심지어 체리피커조차 모이지 않아 준비한 경품을 나눠주지 못하는 경우가

있는가 하면, 이벤트 하나로 주렁주렁 부정 이슈를 양산하는 안타까운 사례도 많다.💬

　지금 이 순간에도 수많은 브랜드가 이벤트/프로모션을 기획하고 있다. 하지만 채널 환경과 참여자의 변화로 이벤트만 하면 대박이 난다거나 원하는 타깃에게 메시지가 확산되는 일이 쉽지 않아졌다.

　성공적인 이벤트,
　어떻게 만들 수 있을까?

1. 이벤트/프로모션 기획의 3가지 조건

　결혼정보업체 듀오는 '성공적인 프로포즈의 조건'을 의외성, 진정성, 대중성 3가지로 정의했다. 동의하는가?💬　그렇다면 성공하는 이벤트/프로모션의 조건은 무엇일까?

1) 시의성

　· 시기적으로 합당한가?

JJamBong.com 이런 예는 잠깐만 생각해도 참 많지 않은가?
JJamBong.com 그전에 상대가 있는지 먼저 물어봐야(…)

- 잠재적 이슈 요인은 없는가?
- 활용할 만한 시즈널 이슈는 없는가?
- 기업/브랜드/제품 관련 이슈는 어떠한가?

[관련 사례] 2014년 세월호 사고가 발생했을 때 많은 기업/기관이 이벤트를 잠정 보류하거나 중단했다. 그 와중에 한 이벤트는 예정대로 진행됐고 부정 이슈의 중심에 서게 되었다.

2) 개연성

- 브랜드나 제품에 부합하는가?
- 이벤트 집행 목표와 일치하는가?
- 전달하고자 하는 메시지가 잘 녹아 있는가?
- 이벤트를 하는 이유는 무엇인가?
- 누구나 할 수 있는 이벤트인가?

[관련 사례] '허니버터칩'이 한창 이슈일 때 많은 브랜드들이 이를 경품으로 내건 이벤트를 진행했다. 그런데 해당 이벤트를 주최한 기업의 이름만 바꿔도 위화감이 없었다.

3) 의외성

- 식상하지는 않은가?
- 참여자가 흥미 있어 할 것인가?
- 누구나 예상할 수 있는 결론은 아닌가?
- 너무 과하거나 참여자가 이해하기 어렵지는 않은가?

[관련 사례] 철 지난 'UCC공모전', 식상한 '빈 칸 채우기', 지긋지긋한 '친구 소환' 이벤트는 지금도 얼마든지 찾아볼 수 있다.

덧붙여 '진정성'과 '공익성'.

이벤트를 기획할 때에도 진실함과 공공의 선, 업계 윤리 등을 고려해야 한다. 결국은 '신선함과 적절함의 균형을 어떻게 맞출 것인가'일 것이다.

2. 성공적인 이벤트/프로모션 케이스 스터디

이벤트/프로모션을 기획하는 데 있어 기존의 우수 사례를 반추해보는 것도 나쁘지 않은 접근법이다. 의미 있었던 사례들을 케이스별로 정리했다.

1) 재미 극대화

명확한 목표를 바탕으로 재미를 극대화하는 방식이다. "고양시"의 '고양이를 잡아라' 이벤트가 대표적이다. 캐릭터인 고양이가 집을 나가지 못하도록 몰아넣는 페이스북 게임이다. 매일 한정된 횟수만 참여할 수 있고 친구에게 공유하면 그 기회가 늘어나는데 단순하면서 중독성도 있었다. "고양시" SNS 초기에 캐릭터를 알리기 위한 목적으로 재미를 극대화한 케이스다.

2) 온/오프라인 통합 활용

"한국민속촌"의 '꿀알바'나 '얼음땡', '공포의 집' 등이 대표적이다. 온/오프라인을 적극적으로 연계해 오프라인에서 구현하고 온라인에서 콘텐츠화하는가 하면, 반대로 온라인에서 이슈를 만든 후 오프라인으로 옮겨가기도 한다. 온/오프라인에 활용 가능한 자원이 있다면 고려해 볼만한 케이스다.

3) 시즈널리티 적극 활용

매년 만우절이면 펼쳐지는 다양한 콘텐츠들이 그 예이다. "티켓몬스터"는 만우절 패키지로 '달, 화성, 금성이 포함된 우주여행'을 1억여 원에 판매했다. 2014 월드컵에서 "기아자동차" 글로벌 SNS가 선보인 주요 참가국이 랩핑된 자동차, 그래미어워드에서 "Arbys"가 퍼렐 윌리엄스에게 보낸 트윗도 대표적이다.

4) 유저 참여를 통한 완성

"버거킹"의 소셜 친구와 관계를 끊으면 버거킹을 주는 이벤트나 〈국방부〉의 '나도 몸짱이다'와 같은 이벤트가 대표적이다. 특히 국방부의 경우 부모, 예비군인, 현역 군인들이 모두 관심을 가질 만한 소재와 형태를 바탕으로 이벤트를 잘 만들어낸 케이스다.

5) 자신만의 강점과 차별화된 메시지 전달

트럭의 안정감을 극단적으로 강조한 "Volvo"의 'Live test Series'나 "KLM 네덜란드 항공"에서 SNS와 연동한 비행기 좌석 배치, 유저들의 추천을 통한 여행지 맵 'Must See Map' 등을 참고하면 좋다.

6) 마케팅적 접근

"롯데월드"는 모든 이벤트를 '유저들이 현장에 방문케 하기 위해' 집행한다. 시즈널 이슈나 자사 활동에 맞춰 방문권 증정 등과 연결하는 것이다. "3M" 블로그의 경우 초·중등학생들을 대상으로 새 학기 친구들에게 신청자의 이름으로 수업시간에 학용품을 전달하는 이벤트를 진행하기도 했다.

7) 공익/CSR 접근

"코카콜라", "하이네켄"이 대표적이다. "코카콜라"의 경우 소외된 이웃, 저개발국에 코카콜라를 통한 공익적 접근을 매우 효과적으로 시도하고 있다. "하이네켄"은 축구를 바탕으로 한 취업, 축구에 열광하는 남자 등 레전드 급의 이벤트/프로모션을 기획한 것으로 유명하다.

3. 그리고 다시 한 번 고려해야 할 것

사실 성공적인 이벤트/프로모션을 기획하는 것은 말처럼 쉽지 않다. 다만, 성공률을 높이고 부정 이슈를 방지하기 위한 몇 가지 포인트를 추가로 정리한다.

1) 처음으로 돌아가자

"왜 이벤트를 하는가?" 진행과정에서 애초의 의도가 와전되는 경우가 의외로 많다. 구성원 간의 명확한 목표에 대한 이해와 진행 과정상의 반추가 필요하다.

2) 프로세스를 점검하라

저작권, 업계 이슈, 각 SNS 운영 가이드라인 등 프로세스상의 이슈를 다시 한 번 점검해야 한다. 저작권 위반, 사회적으로 문제가 있는 이미지/문구 사용, 채널 가이드라인 위반 등 잘못된 기획으로 부정 이슈를 만들어낸 이벤트는 많다.

3) 자고로 잔치는 북적북적해야 한다

기획 단계부터 참여 증대를 위한 방법들을 고민하라. 주변 자원을 최대한 활용하되 결국 목표한 타깃의 참여를 유도할 수 있어야 한다.

4) 참여자의 시각으로 바라봐라

"나라면 기꺼이 참여하겠는가?" 기획자가 아닌 참여자의 시각에서 다시 한 번 점검해 봐라. 많은 오류를 발견할 수 있다.

5) Simple is best

故 스티브 잡스는 말했다. "Simple is best." 이벤트도 마찬가지다. 한 문장으로 설명할 수 없는 이벤트는 참여자도 이해하지 못한다. 더불어 온라인 이벤트의 참여 프로세스는 3단계가 한계다. 단계가 늘어날수록 기업/기관은 많은 요소를 삽입할 수 있지만 참여자 수는 반비례로 감소한다. 3단계 이상의 기획을 위해서는 참여자에게 큰 혜택을 주거나 그들의 로열티를 담보할 수 있어야 한다.

6) 'Apple'이 경품으로 흔한 이유

결국 이벤트 경품은 '사치품'이다. 그런 측면에서 아이패드, 맥북 따위가 경품으로 등장하는 것을 이해해볼 수 있다. 호불호가 명확 혹은 복잡하게 갈리는 고관여 상품은 경품으로 적절하지 않다. 한 가지 더 첨언하자면 '경품'을 중심으로 기획된 이벤트는 경쟁사도 언제든지 할 수 있다!

소셜미디어의 위기,
다음은 브랜드 저널리즘일까?

소셜미디어 위기의 시대이다.

아니, 더 정확히 말하자면

'페이스북 중심 채널적 접근법의 위기' 혹은 '기존 SNS 운영론의 위기'라고 하는 것이 옳다.

1. 소셜미디어의 위기

'소셜미디어의 위기'를 언급하는 데는 몇 가지 이유가 있다.

1) 채널 포화와 광고 채널화

트위터, 페이스북 이후 새로운 흐름을 주도하는 채널이 없다. 이러한 소셜미디어 성숙기에 주요 SNS는 포화 상태이고 기업/기관의 메시지는 혼재되어 있다. 게다가 채널들은 급속히 광고 채널화되어 간다.

2) 콘텐츠 기반 소셜커뮤니케이션의 한계

채널 포화에 따라 콘텐츠 중심의 운영론은 한계다. SNS는 타임라인 상의 게시물을 바탕으로 기능하고, 은근슬쩍 편입된 블로그도 포털 사이트상에서는 일종의 검색 키워드 쿼리의 타임라인으로 기능한다고 봐도 무리는 아니다. 이러한 방식이 콘텐츠 확산 혹은 불특정 다수와의 커뮤니케이션에는 적합했을지 몰라도 소통의 일회성과 단편적 이미지화를 극복하지 못했다.

3) SNS 담당자들의 피로도 증가

SNS는 끊임없이 변화한다. 그렇기 때문에 이에 대응하는 담당자들은 힘에 부친다. 더 이상 드라마틱한 효율을 기대하기도, 돈이 들지 않는 운영론을 펼치기도 어려운 상황에서 기업들은 다른 대책을 고심하고 있다.

4) SNS에 염증을 느끼는 유저 증가

기존 SNS의 상업화와 개인정보 이슈 등은 유저들의 이탈을 촉진한다. 2014년을 기점으로 SNS 이용률은 실제로 몇몇 데이터에서 줄어들기도 했다. 이들과의 소통이 기업/기관에게는 기대 이하의 수준이었다는 것도 부정할 수 없는 사실이다.

2. 소셜미디어 시대의 위기 그리고 브랜드 저널리즘(brand journalism)

소셜미디어 위기론은 사실상 업계를 지배해왔던 기존 운영론의 한계다. 다시 말해 소셜미디어를 포함한 '마케팅 커뮤니케이션'이 분화·발전하고 있는 것이다. 그렇기 때문에 소셜미디어 초기부터의 운영론을 그대로 밀어붙이는 것은 요원한 일이다.

이 시점에서 '브랜드 저널리즘'이 거론되고 있다. 이 개념은 소셜미디어 시대 이전부터 사용되었다.💬

- "기존 브랜드 스토리텔링(Brand Storytelling)에서 진일보한 개념으로 전통적 저널리즘에서 기사를 생산하고 편집하고 확산하는 과정과 유사하게 마케팅을 위한 브랜드 스토리를 전략적으로 생산하고 관리하는 것을 의미한다."

  by 웨버센드윅 이중대 부사장

- "브랜드 스토리텔링이 단편적이고 일시적이라면, 브랜드 저널리즘은 브랜드 발전이라는 장기적인 타임라인에서 적시적소에 강력한 스토리를 제공함으로써 안정적이고 효과적인 마케팅을 가능하게 한다. 특히 전통적 광고에 활용하는 전형적인 매

JJamBong.com 그 기원은 1999년 세스 고딘(Seth Godin)이고, 2004년 맥도날드의 래리 라이트(Larry Light)에 의해 본격적으로 명명되었다. 이 개념이 부각되기 시작한 이유가 있다

체를 벗어나 블로그, 다큐멘터리, 소셜미디어 등 대안 채널들을 복합적으로 활용하는 트랜스미디어 스토리텔링(Transmedia Storytelling)을 통해 설득력과 진정성을 극대화한다."

by 미국 로욜라대학 유승철 조교수

즉, 브랜드 저널리즘이란 '브랜드 스토리텔링의 발전적 형태로서 다양한 소셜미디어 채널을 복합적으로 활용해 브랜드 스토리를 저널리즘 스타일로 생산·관리하는 형태' 정도로 이해할 수 있다. 브랜드 저널리즘은 기존의 단순한 콘텐츠 마케팅에서 한 단계 나아가 브랜드가 미디어 혹은 매체로서 직접적으로 기능한다는 개념인 것이다. 여기서 채널적으로는 'Owned Media(기업/기관이 보유한 채널. 웹사이트, 블로그 + SNS)'에 주목해야 하고 형태적으로는 신뢰, 정보, 재미 등의 요소를 제공할 수 있는 '콘텐츠'가 바탕이 된다.

SNS → Owned Media(웹사이트, 블로그 등) + SNS
콘텐츠 마케팅 → 콘텐츠 저널리즘
네이티브 광고 → 브랜드 저널리즘

기업이 직접 컨트롤할 수 있는 '공간'에 대한 해당 기업뿐만이 아니라 담론을 형성할 수 있는 '콘텐츠'를 바탕으로 한 관련 산업 및 가치를 대표하는 '미디어'를 형성하는 것.

이것이 바로 기업 중심의 저널리즘인 브랜드 저널리즘이다.

3. 브랜드 저널리즘, 어떻게 적용할 것인가?

브랜드 저널리즘은 아직까진 모호한 개념이다. 코카콜라, 맥도날드 등의 글로벌 기업이 이를 구체화했을 뿐이다. 다만 2015년, 2016년을 전후해국내에도 선도적인 사례들이 하나둘 등장하는 분위기다. "삼성 뉴스룸"과 "서울시", "미디어SK" 등을 예로 들 수 있다.

기업/기관이 브랜드 저널리즘을 구체적으로 적용하기 위한 몇 가지고민 포인트가 있다.

1) Owned Media를 중심으로 채널적 접근법을 재정립한다

페이스북, 트위터 등 SNS발 이슈는 해당 채널에 보금자리를 마련한기업/기관에 직접적인 영향을 준다. 이를테면 페이스북이 브랜드 페이지 노출을 극단적으로 줄여버린 후 기업들의 당혹감이 그러하다. 어떤 채널이 새롭게 등장해도 나타날 수 있는 리스크로서 근본적으로 기업/기관이 컨트롤할 수 없는 부분이기도 하다. 그러므로 기업/기관은일종의 생태계이자 포털 사이트와 연계해 강력한 영향력을 만들어내는 '웹사이트', '블로그'로 중심축을 이동할 필요가 있다. 이른바 Owned Media를 기반으로 한 채널 접근법의 인식 전환이다.

2) '미디어'로서 기능해야 한다

브랜드 저널리즘 하의 자사 채널은 일종의 '미디어'다. 기존의 콘텐츠 기획 및 생산 방식과는 다른 새로운 스토리텔링 형태라 하겠다. 다양한 필진을 활용해 여러 가지 시각의 한층 심화된 콘텐츠를 생산하고, 단순한 기업 홍보가 아니라 스토리텔링에 기초한 재미와 흥미 그리고 감동을 담보하는 이야기를 만들어내며, 기업/기관/제품/서비스가 몸담은 업계 및 분야의 통합적인 정보와 소식을 발굴한다. 즉, 일방적인 브랜드 소식에서 벗어나 유저들과 소비자들이 기꺼이 찾아올 수 있는 생태계를 만들어내야 한다는 의미이다.

3) 기업/기관이 대표하는 가치관을 규명해야 한다

브랜드 저널리즘이 갖는 '미디어'로서의 기능이 국내에서는 가장 큰 한계에 해당한다. 예를 들어 삼성 브랜드 페이지가 커뮤니티 '뽐뿌'와 같이 새로 나온 LG 스마트폰 소식을 알려야 하고 자유로운 담론을 형성해야 하는 것인데…… 당신이 브랜드 담당자라면 용인할 수 있겠는가? 이때 고려해야 하는 것은 기업이 지향하는 가치관, 카테고리군 등의 구체적인 형상화이다. 그리고 이를 표방하는 미디어로서 기능하고 관련 산업이나 담론들을 묶어낼 수 있어야 한다. 물론 "세스코"와 같이 '벌레'라는 직관적이고 범용적이면서 자신들이 선도하는 담론이 어느 기업에나 있다면 좋겠지만 말이다.

4) 기존 SNS와의 통합 운영을 고려해야 한다

브랜드 저널리즘은 웹사이트, 블로그의 가치를 재조명하고 있다. 이들은 기존의 SNS와 유기적으로 결합될 때 효과와 가치가 극대화된다. 각각 채널의 장점은 살리고 단점은 서로 보완하는 통합적인 채널 운영이 필요하다. 이때 네이버에 국한된 노출 전략 역시 면밀하게 접근할 필요가 있다.▣ 이러한 방식은 우리의 메시지를 보다 효과적이고 안정적으로 전달하는 기본 체력이 되어 줄 것이다.

5) 진정한 2 way communication을 지향한다

브랜드 저널리즘의 핵심은 기업/기관이 아닌 소비자와 온라인 유저에게 있다. 이들의 참여를 이끌어내지 못한다면 고립된 기존 홈페이지 등의 채널과 크게 다를 바 없다. 소비자들의 다양한 목소리를 모니터링하고 이를 콘텐츠 기획의 시발점으로 삼아야 한다. 그들을 적극적인 필진으로 활용하는 한편 자유롭게 의견을 개진하고 참여할 수 있는 공간과 방식을 고민해야 한다. 이는 브랜드, 분야, 산업에 대한 다양한 이야기와 담론이 오가는 하나의 장을 만들어가는 과정이다.

(6) 장기적인 스토리텔링 관점으로 접근해야 한다

여느 소셜커뮤니케이션이 그렇지 않겠냐마는 브랜드 저널리즘 역시 즉각적이고 일시적인 반응과 판매를 위한 접근을 지양해야 한다. 장기

JJamBong.com 구글, 이슈 커뮤니티 등 다양한 유입 출처를 만드는 활동이 그 예이다

적인 시각에서 자신들의 공간을 꾸준히 가꾸고 콘텐츠를 발전시켜야
한다. 이를 통해 해당 키워드를 대표하는 채널로 유저들과 함께 성장해
나가야 한다.

#운영이반이다

CHAPTER 04

답은 운영에 있다

SNS 담당자라면 생각해봐야 할 소셜미디어 운영법

콘텐츠가 축구의 최전방 공격수라면
운영은 허리를 받치는 미드필더이다.

한창 실무를 맡고 있을 때 내 손을 최종적으로 거치는 콘텐츠가 하루에 10개 이상이었다. 단 '하루'에 말이다. 오늘도 열심히 뛰고 있을 SNS 담당자들의 이야기다.

기업/기관은 채널당 하루 평균 1~2개의 콘텐츠를 포스팅한다. 채널 수에 따라 콘텐츠 양은 비례해 증가하겠고. 그런데 이 노력들이 얼마나 효과가 있을까? SNS 환경상 노출도 잘 안 될뿐더러 타임라인에 집중한 운영은 이미 한계다. 최근 1~2년 사이 기억에 남는 혹은 타임라인에서 눈여겨본 소셜미디어 사례가 있는가? 고양시? 그건 3년은 족히 넘었다.

JJamBong.com 이것은 현재 진행형의 이야기다. 그리고 이 끝없는 소모가 실력 있는 실무자가 판을 떠나게 만드는 가장 큰 요인 중 하나이겠다

그런데 좀 한다는 기업/기관 페이지를 가보면 또 다들 잘한다.

 단언컨대 운영이 뒷받침되지 않는 콘텐츠는 효과가 없다. 가능하지도 않겠지만 콘텐츠 몇 개로 흥했다 하더라도 지속적인 운영을 담보할 수 없다. 그래서 소셜커뮤니케이션의 핵심은 바로 '운영'에서 판가름 난다고 볼 수 있다.
 SNS 담당자들이 다시 한 번 되새겨야 할 운영법은 무엇일까?

1. 명확한 운영 목표와 그에 따른 KPI를 공유하라

 운영 목표와 KPI(Key Performance Indicator; 핵심성과지표)는 방향성이자 곧 지향점이다. 잘 잡은 목표는 KPI와 연결된다. 한 예로, '새로 출시한 브랜드의 디지털 노출 극대화'가 목표라면 KPI는 도달 혹은 노출 수를 몇으로 잡는 식인 것이다. 이때 시장 상황, 마케팅 목표, 내부 소셜미디어 이해도 등 내·외부 제반여건에 맞춰 적확한 목표와 현실적인 KPI를 설정해야 한다. 그리고 지향점은 이해관계자와 명확히 공유되어야 한다. 이렇게 설정된 운영 목표는 향후 정확한 방향타와 구심점의 역할을 해줄 것이다(《Chapter 08. 한국형 소셜미디어 담론》 참고).

2. 운영 콘셉트와 전략을 정교화하라

목표가 설정되었다면 콘셉트와 전략을 정교화해야 한다. 운영상에서 발생하는 많은 문제들이 빈약한 '콘셉트와 전략'에서 비롯된다. 포화된 소셜미디어 채널 환경에서 '빈약하다'는 것은 '부재'와 다름없다. 다각도에서 커뮤니케이션 과제를 살펴보고, 시장 환경을 조사하며, 타깃을 한정하고 최적화해야 한다. 갈수록 치열해져가는 채널 환경 및 커뮤니케이션 상황에서 차별화·정교화·최적화된 콘셉트와 전략은 성공적인 SNS 운영을 담보하는 가장 확실한 해답이다.🗨

3. 온라인 문법을 이해하고 핵심 이해관계자에게 귀를 기울여라

소셜커뮤니케이션 문법을 이해해야 하고 브랜드/기업/제품에 대해 이해해야 한다.

전자를 위해서는 유저들이 무엇을 말하고, 무엇에 반응하며, 어떤 이야기를 듣고 싶어 하는지 지속적인 관심이 필요하다. 소소하고 생생하며 사람냄새 나는 이야기들, 디지털 세상에서 '먹히는' 대화를 체득해야 하는 것이다. 소셜커뮤니케이션 문법의 이해를 위해 "디시인사이드"나 "SLR클럽", "오늘의유머"와 같은 이슈 커뮤니티를 참고해보면 좋다.🗨

JJamBong.com 그리고 이 답을 구하지 못하면 실무진이 죽어난다
JJamBong.com 안드로이드, 아이폰에서 모두 구동되는 '갈무리' 같은 이슈 큐레이션 앱을 활용
　　　　　　해보는 것도 좋다

후자를 위해서는 내·외부에 위치해 있는 다양한 이해관계자들의 이야기에 귀를 기울여야 한다. 경영진, 제품 개발자, 디자인팀, 소비자 상담원, 경비원 등 다양한 부서의 사람들은 물론이고 온/오프라인상의 소비자 목소리도 좋은 소스가 된다. SNS, 카페, 포털 사이트 등에는 그들의 생생한 목소리가 널려 있다.

4. 방문자의 입장에서 채널을 최적화하라

끊임없이 변화하는 디지털 환경에 따라 채널단의 세팅과 디자인적 요소를 고민하는 작업도 필수다. 채널 UI/UX 정립뿐만 아니라 채널단의 변화에 대응하는 세밀한 세팅은 지속적·체계적으로 시행되어야 한다. 이때 중요한 것은 운영자도, 전문가, 부장님도 아니다. 바로 '방문자'의 시각에서 바라보는 것이다. 소비자의 입장에서 메인 페이지에 충분한 정보가 담겼는지, 우리 기업/기관을 제대로 소개하고 있는지, 찾고자 하는 정보를 제대로 내비게이팅(navigating)하고 있는지 꼼꼼히 확인하자. 모바일을 포함한 다양한 접속 환경도 염두에 두어야 한다.

5. 소셜미디어에서 '집행'은 아무런 의미가 없다

놀랍게도 집행 자체를 ROI(Return On Investment; 투자 대비 효과)

로 설정하는 경우가 아직까지 많다. SNS는 1인 1미디어로서 누구나 쉽게 접근할 수 있다. 콘텐츠 집행 그 자체에는 아무런 의미가 없다는 뜻이다. 그보다 '운영'의 시각에서 고려해야 할 것은 집행까지의 기획-개발 과정과 이후의 운영에 있다. 온/오프라인상의 다양한 자원을 활용해 계정을 홍보하고 콘텐츠를 운용하며 좋아요, 댓글 등의 인터렉션을 관리하는 전반적인 작업 말이다. 특히 댓글 응대의 경우 그 자체로 노출을 추가 담보하는 중요한 운영 수단이다(《Chapter 07 이슈 관리 혹은 위기 관리의 진화》 참고).

6. 숫자-트렌드와 친해져라

한 마케터는 이렇게 이야기했다.

"커뮤니케이터는 얼마간 데이터, 테크 홀릭이어야 한다."

SNS를 운영하면 방대한 채널/타깃/환경 관련 데이터를 접하게 된다. 이 채널들이 마케터, 커뮤니케이터와 같은 '문돌이'의 손에서 탄생한 것이 아니다 보니■ 나 같은 범인(凡人)에게는 그저 불친절한 숫자들의 나열에 불과하다. 그러나 SNS 운영자에게 raw data는 인사이트의 보고이다. 이를 해석하는 능력은 채널의 성패는 물론 목표의 달성과도 밀접하게 연관되어 있다.

JJamBong.com 트위터의 잭도시, 페이스북의 주커버그 둘 다 '개발자'다

더불어 디지털 커뮤니케이션은 IT 기술과 밀접하게 관련이 있으며 전반적인 트렌드와 운영론은 시시각각 변화한다. 매순간 새로운 트렌드와 정보에 촉각을 세우고 끊임없이 '대입', '분석', '수정'의 과정을 거쳐야 한다.💬

JJamBong.com '매순간 새로운 트렌드' #소셜쓰고앉았네를 쓰며 가장 큰 애로점이었다. 역시 기술을 배워야 했다(…)

기업/기관 담당자를 위한 소셜미디어 가이드라인

:

소셜미디어는 인간이 문자를 발명한 이래

가장 범용적이고

가장 골치 아픈 미디어가 아닐까?

그 어떤 미디어가 개개의 이용자에게까지 이런 '가이드라인'을 들이밀었는가 말이다.

옛날옛적 신문의 '이주의 TV프로그램 가이드' 같은 거 말고.

소셜미디어는 1인 1미디어다. 누구에게나 열려 있고 누구에게도 제약 없는 사용을 보장한다. 그렇기에 그 폭발력과 방향성을 예측하기 쉽지 않다. 소셜미디어를 사용하는 데 있어 정확한 '가이드라인'을 숙지해야 하는 이유다.

기억하자. 소셜미디어는 양날의 검이다. 그것도 매우 날카로운.

1. 비밀은 없다

가족, 직장상사, 경쟁사가 봐도 되는 내용인가?

구글, 네이버 그리고 미디어의 능력과 노력은 우리의 상상을 초월한다. 문어적 표현이 아니라 실질적인 의미로 한 번 올린 콘텐츠는 되돌릴 수 없다. 이를 명심해야 한다. 민감한 내용은 애초에 문서화하지 마라.

2. 신중해라

올리기 전에 다시 한 번 생각하자.

경쟁사, 업계, 정치, 종교, 개인 취향에 관해서는 더더욱 신중하자. 나의 발언은 언제나 오독되거나 악의적으로 이용될 수 있다. 기업이나 브랜드 혹은 특정 가치를 대변하는 운영자의 경우에는 더더욱 그렇다. 현 시점에서 특히 일베, 정치, 여성 관련 소재는 매우 민감하다.

3. 유의하라

저작권, 초상권, 상표권에 유의하라. 특히 기업/기관의 SNS 운영자라면 저작권에 대한 기본적인 양식이 반드시 필요하다. 이와 관련한 법적 혹은 공론화되는 이슈는 최근 빈번히 발생하고 있다.

4. 때로는 자제하라

특히 밤에, 더더욱 음주 후에.

달의 기운이 왕성한 '밤' 그리고 이성의 끈이 다소 느슨해지는 '술 마신 후'에는 SNS에 손대지 말자. 많은 문제들이 '정상적이지 않은' 상태에서 발생한다. 아시다시피 미디어, 팬들은 이를 배려해주지 않는다.█

5. 화가 날 때는 한 템포 쉬어라

SNS상에서 특히 미디어, 팬과 논쟁하지 마라. 공개적이냐 비공개적이냐는 사실 큰 고려사항이 아니다. 그들과의 대화가 '비공식'일 수 있다고 믿는 그 디지털 감각이 더 큰 문제겠다. 이슈가 감지되면 즉각 전문가와 상의하라. 이것은 가장 중요한 명제다. 소셜상에서 한 번 퍼진 이슈는 걷잡을 수가 없다.

JJamBong.com 개인적으로 이 항목이 지금까지 나를 살렸다

국내와 해외의 #해시태그 활용법 차이

해시태그(HashTag)는 SNS, 소셜미디어상에서 일종의 주제(Theme) 혹은 사안별 묶음을 위한 표기법 중 하나다.

보통 아래와 같이 사용된다.

#짬봉닷컴 #소셜미디어 #소셜쓰고앉았네 #사주세요_굽신

해시태그의 시작은 트위터였다. 정보가 무한히 나열되는 트위터의 특성상 이슈가 되는 주제에 대한 '묶음'이 필요했기 때문이다. 소셜미디어가 발전·분화되면서 해시태그는 검색의 효용성, 사용자의 참여, 분석적 활용의 가치가 더해져 SNS에서 '기본 장착 옵션'의 지위에 오르게 되었다.

해시태그는 국내에서도 매우 활발히 사용된다. 온/오프라인 전반의 커뮤니케이션 차원에서 해시태그를 차용하는 것은 물론이고 네이버, 카카오 역시 '# 검색'을 지원할 정도. 그런데 국내와 글로벌단의 SNS를 보면 활용법에 미묘한 차이가 감지된다.

1. 국내 VS 해외

해시태그 활용법의 차이

국내와 해외, 특히 영미권의 활용법에는 아래와 같은 차이가 있다.

1) 국내

사안별 묶음의 기능이 있긴 하나 2013년부터 공공기관을 중심으로 '놀이'와 '드립' 형태가 크게 흥했다. '#좀_사주십쇼_굽신굽신', '#넌이미좋아요를누르고있다'와 같이 '묶음'의 기능과는 무관한 경우가 대표적이다. 공공기관 SNS 히어로 고양시와 부산경찰이 선도적인 역할을 했고 현재도 널리 쓰인다. 트위터의 경우 트렌디한 놀이 기능을 하기도 한다. '#가장_부끄러웠던_순간을_말해보자'와 같은 경우가 그 예이다. 최근에는 주요 커뮤니케이션 전략의 일환으로 활용법이 확장되고 있는 추세다.

2) 영미권

'커뮤니케이션 메시지 차원의 주제(Theme)'로 해시태그가 활용된다. 이에 따라 온/오프라인의 다양한 채널을 망라해 전략적 해시태그를 설정하고 채널별로 활용하는 운영의 묘(妙)를 보여준다. 아디다스의 #allin, 코카콜라의 #makeithappy가 대표적이다. 국내와 같은 드립성 해시태그는 거의 찾아보기 힘들다. 사안별로 시즈널한 해시태그가 나타나긴 하지만 이를 '드립'이라고 부르긴 어렵다.🗨 채널별로 트위터뿐만 아니라 페이스북, 유튜브와 같은 채널에서도 상당히 많은 해시태그가 사용된다.

2. 각 채널별 해시태그의 효용성

해시태그는 채널별로 효용성에 차이가 있다. 이를 어떻게 사용하느냐에 따라 약이 될 때도 독이 될 때도 있는 것이다. 해시태그의 효용성이 높은 채널순으로 살펴보도록 하자.

1) 인스타그램

인스타그램은 해시태그를 중심으로 만들어진 SNS이므로 전체적 운영에서 필수 고려 요소다. 댓글에서도 해시태그가 구현된다.

2) 트위터

초기 UI나 노출 알고리즘이 지속적으로 변화되고 있지만 텍스트 중심의 타임라인은 여전히 혼잡한 편이다. 여기서 해시태그의 사안별 묶어주는 기능은 필요불가결한 요소가 된다. 또한 잘 구현된 검색 기능과 해시태그에 의한 노출 가산까지 고려할 수 있으므로 꼭 챙겨두어야 한다.

JJamBong.com 사실 드립인데 내가 못 알아먹은 거면 어쩌지(…)

3) 구글플러스

글로벌단에서 '아직까지는' 활용되고 있는 구글플러스는 아시다시피 구글 것이다. 모 기업에 따르면, 해시태그는 검색 포털 '구글'에서 해당 포스트를 노출시키는 데 주 요소가 된다고 한다. 채널 내부의 검색 기능과 '소식 모음'과 같은 기능에도 해시태그는 핵심으로 기능하며 인스타그램처럼 댓글에서도 구현된다. 물론 구글의 구플 관련 뉴스는 미확인에다 해결도 잘 되지 않는 난제라는 특징이 있긴 하다.

4) 페이스북

그동안 페이스북에서 '검색'은 없는 것이나 마찬가지였다. 다만 최근 들어 '소셜 검색'을 기치로 검색엔진을 대폭 개선하고 있다.💬 검색에 의한 콘텐츠 추가 노출을 기대해 볼 수 있다는 이야기다. 물론 '해시태그를 추가하면 콘텐츠 노출이 하락한다'는 레포트(by EdgeRank Checker 2013)가 있기도 하다. 해당 자료는 운영 중인 페이지의 테스트를 통해 팬 수가 많을수록 하락 폭이 더 크다고 밝히고 있다. 이를 종합해 볼 때 어설픈 드립성 해시태그는 독이 될 수 있다는 잠정적 결론을 도출해낼 수 있다. 트렌드 변화 추이를 면밀히 검토하자.

5) 유튜브

유튜브의 콘텐츠는 블로그와 마찬가지로 제목, 본문, 태그로 나뉜다.

JJamBong.com 2016년 8월 기준 그 방향성은 다시 '검색 관심 없음'으로 선회 중

이때 해시태그는 구현되지도 않고 노출을 담보하지도 않는다. 그럼에도 불구하고 글로벌 계정들은 유튜브에서도 해시태그를 꾸준히 추가하고 있다.

3. 해시태그 활용법, 왜 다를까?

각 채널별 해시태그의 효용성에서 살펴보았듯이 해시태그는 채널별로 일장일단(一長一短)이 있다. 결론적으로 국내와 해외가 서로 맞기도 하고 틀리기도 한 운영론을 선택한다는 것. 그 이유는 무엇일까? '인문학적 성찰'■을 바탕으로 그 이유와 적용법을 고민해 보자.

1) 소셜미디어 발전 양상에 따른 필연적 귀결

국내 소셜미디어 역사는 영미권과 다소 차이가 있다.

우리나라는 이른바 싸이월드로 대표되는 '끼리끼리 온라인 문화'에서 트위터와 불현듯 조우했다. 오프라인 인맥이 온라인에서 연결·확장되는 환경에서 SNS로 전이가 이루어진 것이다. 이와 함께 사안별 관심사는 PC통신에서 카페로 그리고 이슈 커뮤니티로 강화되었다.

그에 비해 영미권은 사실 페이스북의 시작이 '더 괜찮은 여자 꼬셔보려고'였던 것만 봐도 알 수 있는데…… 즉, '아는 사람'보다 '알고 싶은 사

JJamBong.com 인문학적 성찰이라 쓰고 '소설'이라 읽는다

람'을 위해 발전한 도구란 이야기다. 이에 따라 특정 사안을 바탕으로 타인과 관계를 맺어야 했고 해시태그 접근법에 차이가 생기게 되었다.

→ 국내 SNS 운영에서 공유에 기반한 메시지 전파와 커뮤니티 페이지에 대한 고려를 놓쳐서는 안 된다.

2) '동네' 문화와 '스트리트' 문화

우리와 영미권의 또 다른 차이는 '동네'와 '스트리트'로 상징된다. 한 동네에서 이웃과 끼리끼리 모여 이야기하는 우리의 특성상 지인 혹은 지인의 지인과 소통하는 다소 배타적인 대화법이 익숙하다.

반면 영미권은 스트리트 문화로, 스트리트와 스트리트가 만나는 곳에 광장이 위치한다. 광장이라는 오픈된 공간에서 보다 개방적인 대화가 이루어지는 것. 우리의 폐쇄된 호프집과 그들의 개방된 펍 문화만 봐도 그 차이를 알 수 있다. 여기서 우리나라와 영미권이 해시태그를 받아들이는 태도를 유추해볼 수 있지 않을까?💬

→ 국내 SNS 운영에서 '드립형 해시태그'는 지인 기반의 운영에는 유효할 수 있다. 다만 디자인적 장점 외에 기업 계정들이 무분별하게 이를 활용하는 것에 어떤 이점이 있는지는 생각해볼

JJamBong.com 그런 면에서 '도로명주소가 수많은 홍보에도 불구하고 정착되지 않는 이유를 추측해 볼 수 있다

문제다. 더불어 서양 문화에 익숙한 비교적 젊은층에서 해시태그에 기반한 검색(e.g 인스타그램)이 활성화되는 것을 여기서 유추해볼 수도 있다.

3) 통합 운영단의 적용 수준에 따른 차이

기업/기관은 그들의 가치나 전략이 담긴 메시지를 효과적으로 타깃에게 전달하고자 한다. 이때 해시태그는 좋은 전달 방식이 된다.

우리보다 소셜미디어의 역사가 긴 영미권은 해시태그에 기초해 다채널의 유기적 연계를 발전시켰다.█ 2014년을 기점으로 국내에서 본격적으로 고려되고 있는 '해시태그 기반의 전략 설정과 채널 연계'도 커뮤니케이션 전략의 발전 차원에서 바라볼 수 있다.

→ 최근 다양한 브랜드가 도입하는 것처럼 온/오프라인의 메시지 전략을 해시태그와 연계해 고민하는 것은 앞으로도 유효할 것이다.

JJamBong.com 유튜브의 해시태그 사용도 이런 면에서 이해할 수 있다

:　　　　　　　**고양시의 고양이, 한국민속촌의 아씨,**
　　　　　　　　　　　SNS 캐릭터 개발이 답일까?

SNS '캐릭터'는

고양시, 한국민속촌의 전매특허다.

나는 그렇게 믿는다.

　이제는 '네임드'라고 말해도 손색없을 '고양이' 고양시와 한국민속촌의 '아씨'는 소셜미디어 활용의 성공적 사례이다.

　그런데 강의나 기업/기관 담당자를 만나면 '그래서 캐릭터를 만들려고 합니다'라는 '기-승-전-캐릭터' 담론이 흔하고도 흔하게 이루어진다.

　소셜미디어뿐만이 아니라 커뮤니케이션 차원에서 '캐릭터화'는 우리를 유혹하는 해결책으로 떠오르는 경우가 많다. 그러다 보니 우리는 다양한 SNS 페이지들에서 수많은 캐릭터들을 본다. 이는 상대적으로 SNS를 '필요'보다는 '필수'에 의해 접근하는 공공기관에서 더 쉽게 찾을 수 있다.

그런데

고양시와 한국민속촌 빼고 떠오르는 SNS 캐릭터……

있습니까?

1. 고양시와 한국민속촌은 SNS 캐릭터의 성공 케이스인가?

다시 생각해 보자. 고양시와 한국민속촌 소셜미디어는 SNS 캐릭터의 성공적 활용 관점에서 바라봐야 하는가?

나는 그렇게 생각하지 않는다.

1) 고양시

"고양시, 고양시, 고양시…… 고양이! 그래, 우리는 고양이임!"

이 대화가 실제로 그 엄혹한 공공기관에서 이루어졌다.█ 그뿐만 아니다. 이런 병맛 콘셉트를 공공기관의 윗분들까지 전폭적으로 지원해줬다. 심지어 고양 시장은 고양이 탈을 쓰고 SNS에 등장했다. 올라오는 콘텐츠도 하나하나 정성이 담겼다. 공공기관 특유의 '일방적 고지'는 고양시 SNS에서 찾아볼 수 없다. 고양시는 '명확한 목표 설정과 내·외부 이해관계자의 공유-설득-참여 과정'이라는 부분에서 케이스화되어야 마땅하다. '고양이 탈을 쓴 캐릭터가 귀여워요'가 아니라.

JJamBong.com 당시 고양시는 그들의 시 이름보다 '일산'이 유명하다는 커뮤니케이션 과제가 있었다고 한다

2) 한국민속촌

한국민속촌의 '아씨'는 특유의 캐릭터를 SNS에 잘 녹여낸 사례가 맞다. 그러나 '곱게 머리를 딴' 캐릭터 그 자체보다는 캐릭터에 기초한 콘셉트와 이에 연계한 운영이란 측면에서 성공적인 케이스로 평가할 수 있다. 이를테면 한국민속촌은 노후화된 오프라인 공간을 최신의 SNS 트렌드와 결합해 실질적으로 파급력 있는 소셜한 오프라인 공간으로 재포지셔닝했다. 여기서 아씨로 대표되는 전통과 현대를 조합한 톡톡 튀는 캐릭터가 전체를 유기적으로 연결하는 콘셉트가 되었다. 이처럼 오프라인 실체에 최적화된 온라인 커뮤니케이션은 온라인에서 오프라인으로, 오프라인에서 온라인으로 연결되는 시너지 효과를 극대화한다.

2. 콘셉트 및 전략 설정에서 고려 요소

고양시와 한국민속촌 사례를 통해 볼 수 있듯이 SNS 운영에서 적절한 콘셉트와 연계한 전략 설정은 매우 중요하다. 사실 우리가 종종 이야기하는 많은 사례들은 결국 '콘셉트 하나 잘 잡아서 잘 먹고 잘 살게 되었다'의 해피엔딩 아니겠는가. 그러나 이를 단순히 '캐릭터화'로 접근하는 것은 무책임하다. 캐릭터화와 관련해 '콘셉트 및 전략 설정'에서 고려해야 할 요소는 다음과 같다.

1) 그러니까 콘셉트가 반이다

다시 강조해도 지나치지 않거니와 콘셉트와 함께 그에 따른 전략·전

술의 설정은 모든 커뮤니케이션의 기본이다. 데일리 콘텐츠의 SNS 운영에 있어 콘셉트는 담당자들의 생존■과 직결된 문제이기도 하다.

2) 해결책은 캐릭터를 만든다?

기업/기관/브랜드/제품/개인 앞에 놓인 각각의 상황과 경쟁사 및 타깃을 전체적으로 정리·분석한 결과, 캐릭터화가 필요하다는 결론에 도달했는가? 다시 한 번 자문해보자. 많은 경우 캐릭터화는 선택지에 오른다. 하지만 이렇게 만들어진 캐릭터는 이미 알려져 있는 기업/브랜드/제품을 제쳐두고 다시 '캐릭터 브랜딩'의 과정을 거쳐야 한다. 자, 그럴 만한 가치가 있는가?■

3) SNS 캐릭터 성공의 관건은 '온라인 문법'에 달렸다

공공기관이 캐릭터화에 실패하는 가장 큰 이유는 '시의 상징을 단순하게 캐릭터로' 삼기 때문일 가능성이 크다.

A시의 상징: 비둘기
→ 페이스북 운영자: 비둘기   Bad
               날고 싶은 닭둘기   Not Bad

JJamBong.com 혹은 건강, 퇴근 그리고 근속

JJamBong.com 그보다 기업/기관에는 이미 BI(Brand Identity)나 CI(Corporate Identity) 따위가 마련되어 있다. 이게 캐릭터 아닌가?

위와 같이 시의 상징을 그대로 '운영자 비둘기'와 같이 설정하는 경우는 생각보다 빈번하다. 사실 시의 캐릭터가 이미 있는데 SNS를 위해 뭔가 또 만든다는 것도 문제지만…… 이를 차치하고라도 캐릭터를 만들겠다고 한다면 해당 기업/기관/제품/브랜드를 온라인 커뮤니케이션에 걸맞은 방식으로 재조합해야 한다. 소비자의 언어로 재조합된 캐릭터는 소통의 가능성을 높여준다.

4) 담당자 '캐릭터'를 고민해야 한다

사실 가장 하고 싶은 말은 이거다.

"캐릭터를 만드는 것보다 더 중요한 것은 운영자의 캐릭터를 만드는 것이다."

이는 '이미지화된 캐릭터'를 이르는 것이 아니다. 운영 캐릭터의 톤앤매너, 배경, 관심사, 말투, 지식, 성별, 사는 곳, 가족 등 가능한 한 세부적으로 프로파일링을 하고 이에 맞는 운영을 구조화·정교화하는 작업을 말하는 것이다. 이때 CI, BI를 고려하는 것은 물론이다.💬

결국 '캐릭터'란 보이는 형태를 구현해주는 역할을 할 뿐이고 그보다 더 중요한 것은 밑단의 작업들이다. 이는 소셜미디어 초기부터 유효하고 중요하게 고민되는 것이다.

JJamBong.com 개인의 탤런트에 의지한 채널 운영이 해당 담당자 퇴사 후 갈 길을 잃는 예는 많다

5) 캐릭터, 만들었다고 저절로 살아 숨 쉬어주지 않는다

또 하나의 중요 포인트다. 캐릭터를 만들었으면 '운용'해야 한다. 이미 지화된 캐릭터든지 운영자 캐릭터든지 간에 중요한 운영 과제이다. 설정한 캐릭터에 맞춰 운영하고 콘텐츠를 최적화시켜야 하며 유저들과 지속적으로 호흡해야 한다. 이도 저도 아닌 단순 캐릭터화도 문제지만 이를 무시하고 여기저기 트렌드에 편승한 누더기 운영은 더더욱 쓸데없고 소모적인 일이다.

저널리즘의 종말
그리고 소셜미디어 시대의 전통미디어 적응기

기존 미디어 저널리즘은 디지털 시대에 이르러 큰 도전에 직면해 있다.
TV의 등장과 인터넷의 파고를 견뎌온 미디어/저널리즘은 끝끝내 종말을 맞이하게
될까?

디지털 시대의 미디어/저널리즘은 변화를 선도하기보다 변화를 강요
당하는 상황에 있다. 이슈 발생과 전파 및 확산 그리고 후속/심층 취재
까지 일련의 과정 자체가 소셜라이징해가는 상황 속에서 기존의 '엘리
트 저널리즘'은 한계가 명확하다. 게다가 모바일, SNS를 위시한 플랫폼
의 변화는 '전통 미디어'의 당혹감을 배가시킨다.

특히 스타 연예인을 위시한 'TV', 전파의 영역을 보유한 '라디오'와 달
리 '신문/잡지'에게 플랫폼의 변화는 더욱 고통스럽다. 현시점에서 전통
미디어의 디지털 적응기는 생존의 문제다.

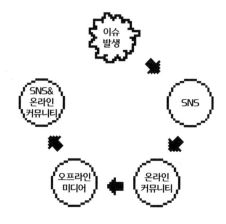

1. 저널리즘의 '검색 포털 적응기'

검색 포털은 야후, 다음 그리고 네이버에 이르러 온라인상의 콘텐츠와 트래픽 모두를 지배하는 무소불위의 권력이 되었다. 인터넷이 계속 기능하는 한 이 구도가 크게 바뀌지 않을 것 같다. 이렇게 검색 포털이 지배하는 세상에서 기존 미디어/저널리즘이 고려할 수 있는 선택지는 많지 않다.

첫째, 검색 포털과 대립 구도를 형성, 둘째, 자사 페이지의 트래픽으로 독자 생존, 셋째, 이들을 활용하는 척하면서 기생. 굳이 과거 조선일보 등의 네이버 기사 송고 중단 및 유료화 시도를 언급하지 않아도 첫째와 둘째는 무위했거나 미비한 효과를 거두고 있다고 봐도 무리는 없을 듯하다.

이는 네이버 '뉴스스탠드' 변화의 역사를 보면 극명하게 드러난다. 일단 뉴스스탠드에 포함되느냐 마느냐부터 전쟁이고 여기서 뉴스를 어떻게 보여주느냐에 따라 많은 언론사들이 울고 웃는다. 그리고 2014년을 기점으로 뉴스스탠드는 '제목 낚시'와 '선정적 썸네일' 행태가 문제시되어 거의 유명무실해진 상황. 메인에선 언론사의 이름만 보여주고 뉴스 카테고리에서는 연합뉴스를 중심으로 이슈를 분산시키는 까닭이다.💬

그리고 2015년에 이어 2016년, 네이버는 뉴스스탠드를 언론사들에게 내준다. 이런 일련의 변화 (말하자면, 네이버에 일방적으로 휘둘리는) 속에서도 언론사들의 온라인/디지털 환경 적응기는 지지부진하다. 변화가 있다면 뉴스마다 덕지덕지 붙은 괴랄한 광고 정도랄까.💬

더군다나 현시점의 미디어 저널리즘은 네이버의 방조 아래 어뷰징과 선정적 보도 행태로 악화일로이다.💬 '충격', '헉', '알고 보니', '여대생' 등의 제목으로 시작해 '한편 네티즌들은'으로 끝맺는, 즉 선정적 이슈만을 발 빠르게 퍼다 나르는 고자극 저품질의 기사를 대규모로 양산하고 있는 것이다.

JJamBong.com 당시, 트래픽이 반의반 토막이 났다는 언론사와 이를 성토하는 기사가 줄을 이었던 기억이다

JJamBong.com 그 괴랄함은 과거 패망한 동영상 서비스의 추억을 떠올리게 할 정도다

JJamBong.com 극악의 뉴스 카테고리 상위 노출 알고리즘은 이를 더욱 부추겼겠다

이는 결정적으로 미디어 '신뢰도'에 심각한 균열을 만들었다. 설상가상으로 오프라인 매체 구독자와 수익의 동반 하락 추이는 더욱 거세다. 따지고 보면 블로그보다 더 큰 추락을 경험한 것은 '뉴스 카테고리'가 아닐는지?

그리고 이러한 전통 미디어의 위기는 저널리즘에만 국한되지 않는다. 사람들은 더 이상 정규 공중파를 통해 미디어 콘텐츠를 소비하지 않는다. 대신 수많은 채널들과 VOD, 인터넷 미디어와 온라인상의 핵심 영상 클립들이 그 자리를 대신한다. 더군다나 유튜브는 고품질 TV화를 노골적으로 추구하고 있고, 페이스북의 스트리밍 서비스 또한 명백한 위협 요인이지 않은가?

2. 검색 포털 VS 소셜미디어

디지털 생태계에는 많은 변화가 있었다. 네이버-다음-구글의 3강 구도의 정립과 트위터에서 페이스북, 카카오로 이어지는 소셜미디어의 부흥이 바로 그것이다. 미디어 저널리즘이 검색 포털에 집중하는 사이에 벌어진 변화는 흥미롭다. 2016년 닐슨코리안클릭의 〈어플리케이션/사이트 이용현황〉을 살펴보자.

분야	순위	도메인	11월 추정 순방문자	도달률 (%)	월 평균 체류시간(분)	월 평균 페이지뷰
포털사이트	1	naver.com	17,803,374	58.0	266.8	426.0
	2	google.co.kr	13,666,881	44.5	17.8	34.6
	3	daum.net	12,217,377	39.8	124.8	200.2
전자상거래	1	gmarket.co.kr	10,238,536	33.4	13.7	16.5
	2	gsshop.com	6,764,687	22.0	15.8	15.9
	3	auction.co.kr	5,789,931	18.9	15.2	17.8
커뮤니티	1	tistory.com	8,853,822	28.8	8.6	8.5
	2	facebook.com	7,522,633	24.5	23.8	35.6
	3	kakao.com	5,780,424	18.8	5.7	10.4
엔터테인먼트	1	youtube.com	4,176,406	13.6	14.1	11.5
	2	todayhumor.co.kr	2,071,452	6.8	30.3	52.5
	3	pikicast.com	1,556,910	5.1	8.3	6.8
생활정보	1	syrup.co.kr	2,107,710	6.9	12.8	14.9
	2	cashslide.co.kr	1,739,856	5.7	7.2	6.7
	3	okcashbag.com	1,386,414	4.5	10.3	23.2

··· 모바일 분야 TOP 사이트 ···

'모바일 분야 Top 사이트'이다. 추정 순방문자를 중심으로 보면 네이버를 바짝 추격하는 구글과 다음의 모습을 볼 수 있다. 여기에 티스토리(블로그), 페이스북, 카카오, 그리고 유튜브는 작년 자료에 이어 약진하고 있다.

분야	순위	어플리케이션	공급자	11월 추정 순방문자	도달률 (%)	월 평균 이용시간(뷰)
커뮤니케이션	1	카카오톡	kakao	29,433,797	95.9	823.8
	2	Facebook Messenger	Facebook	4,740,230	15.4	10.1
	3	라인	Line	2,829,107	9.2	170.1
인터넷서비스	1	네이버	Naver	19,896,608	64.8	637.6
	2	Google 검색	Google	16,778,127	54.7	63.4
	3	다음	Kakao	6,247,633	20.4	371.6

분야	순위	어플리케이션	공급자	11월 추정 순방문자	도달률 (%)	월 평균 이용시간(뷰)
멀티미디어& 엔터테인먼트	1	YouTube	Google	19,426,758	63.3	387.1
	2	멜론	Loen Entertainment	6,586,746	21.5	299.5
	3	네이버 미디어 플레이어	Naver	5,339,260	17.4	105.5
소셜미디어	1	밴드	Camp Mobile	15,748,539	51.3	141.1
	2	카카오스토리	Kakao	15,082,477	49.1	95.1
	3	Facebook	Facebook	10,688,797	34.8	655.3
전자상거래	1	쿠팡	Coupang	8,015,908	26.1	42.5
	2	11번가	Sk Planet	7,189,907	23.4	153.5
	3	위메프	위메프	6,927,221	22.6	58.1
게임	1	프렌즈팝 For Kakao	NHN Entertainment	4,409,571	14.4	991.3
	2	애니팡 For Kakao	Sundaytoz	2,744,357	8.9	940.3
	3	Piano Tiles 2	Clean Master Games	2,724,429	8.9	89.0

*기본 설치 어플케이션은 순위에서 제외함

… 모바일 분야 TOP 어플리케이션 …

다음은 '모바일 분야 Top 애플리케이션'이다. 카카오톡, 유튜브, 밴드, 카카오스토리, 페이스북 등이 네이버의 순방문자를 압도했거나 비슷한 규모를 유지한다. 특히 월 평균 이용시간의 경우 카카오톡과 페이스북이 네이버보다 우위다. 온라인에서 이용 시간은 곧 '돈'을 의미한다.

분야	순위	도메인	11월 추정 순방문자	도달률 (%)	월 평균 체류시간(분)	월 평균 페이지뷰
포털사이트	1	naver.com	30,387,902	94.5	351.9	621.0
	2	daum.net	23,811,370	74.0	172.0	289.7
	3	google.com	12,006,549	37.3	18.1	32.2

분야	순위	도메인	11월 추정 순방문자	도달률 (%)	월 평균 체류시간(분)	월 평균 페이지뷰
커뮤니티	1	tistory.com	17,349,987	53.9	10.2	10.5
	2	facebook.com	8,650,277	26.9	31.1	63.8
	3	kakao.com	6,004,062	18.7	8.9	12.5
전자상거래	1	gmarket.co.kr	13,353,231	41.5	26.2	52.3
	2	11st.co.kr	12,805,012	39.8	22.5	44.3
	3	auction.co.kr	11,155,017	34.7	36.2	74.7
엔터테인먼트	1	youtube.com	13,302,315	41.4	36.1	51.1
	2	gomtv.com	2,904,829	9.0	3.8	4.4
	3	todayhumor.co.kr	2,703,302	8.4	34.6	43.2
뉴스/미디어	1	chosun.com	7,059,961	22.0	16.1	45.4
	2	donga.com	7,036,448	21.9	9.4	17.8
	3	mk.co.kr	6,629,590	20.6	5.6	6.9

··· PC 분야 TOP 사이트 ···

'PC 분야 Top 사이트'는 어떨까? 여기서도 티스토리, 유튜브, 페이스북의 위세가 대단하다. 그에 비해 뉴스/미디어는 지분을 많이 빼앗긴 모양새다.

소셜미디어는 이미 검색 포털과 1:1의 대등한 구도를 형성하고 있다. 이런 상황에서 SBS, 조선일보 등의 미디어들은 소셜미디어에 적응하기 위한 다양한 시도들을 경주하고 있다. 이석우 전 카카오대표를 영입한 중앙일보의 발 빠른 행보도 이의 연장선상인 것이다.

3. 소셜미디어 시대 그리고 큐레이션 미디어

미디어의 변화 속에서 '디지털 유료 구독자 100만', '광고 수익 하락률 0.7%'라는 유의미한 결과를 만들어낸 미디어가 있다. 미국의 〈뉴욕타임즈〉다. 얼마 전 유출된 이들의 〈혁신보고서〉를 보면 결론적으로 첫째, 고객 접점 확대 둘째, 디지털 커뮤니케이션 전환으로 정리할 수 있다.💬

재미있는 것은 고객 접점 확대와 디지털 커뮤니케이션 전환에 있어 〈뉴욕타임즈〉가 강력한 경쟁 상대로 지목한 것이 기존 미디어가 아닌 허핑턴포스트, 버즈피드와 같은 이른바 '뉴미디어 저널리즘'이라는 것이다.

우리에게도 익숙한 이 이름들은 일종의 '큐레이션 미디어'라고 볼 수 있다. 국내에도 2014년을 전후해 PPSS, 인사이트, 슬로우뉴스, 쉐어하우스 등의 이슈 혹은 콘텐츠를 큐레이팅해주는 뉴미디어들이 흥하고 있다. 그리고 주요 방송사, 신문사 등의 전통 미디어들은 'Digital First'를 선언하며 이들을 '애써' 따라하기에 여념이 없다. 디지털 시대에 흥하는 미디어들은 어떤 특징을 갖고 있을까?

JJamBong.com 업계 관계자들에게 큰 이슈가 되었던 이 혁신보고서의 번역본은 구글링으로도 찾아볼 수 있다. 매우 길다는 게 단점이라면 단점

4. 소셜미디어 시대, 흥하는 미디어의 6가지 특징

1) 소셜한 시대에 최적화된 소셜라이제이션 미디어

흥하는 미디어의 가장 큰 특징은 소셜미디어에 최적화된 미디어라는 점이다.

기본적으로 소셜미디어 시대에 친근한 매체를 통해 기사를 '유통'시키는 것은 물론이고 소셜미디어상의 이슈와 밀접하거나 SNS를 통해 검증된 아젠다를 기사로 차용하는 경우가 많다. 소셜상의 여론 및 이야기를 적극적으로 차용·반영·후속 보도하는 2 way communication 방식을 쓰기도 한다. 기존 종이 신문의 독자 코너에서 벗어나 기자와 독자의 경계를 무너뜨리는 피드백이 곧 소스가 되는 것이다.

이슈큐레이션 미디어 PPSS에서는 특정 이슈의 트윗을 모아 기사화하기도 한다. 허핑턴포스트, 인사이트 등의 미디어는 기자가 아닌 '에디터'가 콘텐츠를 만든다. 이렇게 소셜라이제이션을 통해 제작된 기사와 콘텐츠는 그 자체로 훌륭한 스토리텔링 요소를 갖게 되고 소셜상에서 접점을 확보한다. 모든 이슈에 '물 타기'해 어뷰징을 시도하는 기존의 방법론과 뚜렷한 차별점이다.

2) SNS 유저에 최적화된 미디어

SNS 유저의 눈높이에 철저하게 맞추어져 있다는 특징도 빼놓을 수 없다. 1)과 같은 소셜라이제이션을 포함해 전통 기사와는 달리 톤앤매너를 SNS 유저화하고 있는 것이다. 이들 기사의 구성이나 어휘, 문장 구성 등은 '거침'이 없다. 얼마간 가벼운 톤앤매너는 다양한 시도와 스타일, 문법을 구사하게 하고 빠르게 순환하는 소셜미디어 채널에서 호응을 얻게 만든다.

팟캐스트 방송 〈그것은 알기 싫다〉는 시사, 문화, 경제에 대한 다양한 이슈는 물론이고 SNS의 화제를 유저들의 눈높이에 맞춰 쉽고 재미있게 풀어낸다. 〈시사인〉 고재열 기자의 블로그 역시 SNS에 특화된 방식과 주제, 어법을 통해 언론인의 깊고 빠른 인사이트를 제공한다.

3) 기자가 아닌 '소셜 필진'

기존 미디어와의 큰 차별점은 '필진'에서도 드러난다. 다만 허핑턴포스트, 인사이트, 위키트리와 같은 경우와 PPSS, 슬로우뉴스와 같은 경우로 나눠서 보는 것이 좋다. 전자는 온라인/디지털상의 스토리를 기자(혹은 에디터)들이 가공해 기사화하는 방식을 쓰고 있다. 이 과정에서 저작권과 관련한 이슈가 자주 발생하곤 한다. 후자는 소셜상의 WOM(Word of Mouth)을 그대로 필진으로 초빙한다. 이는 적은 인력과 구조로 다양한 담론을 이끌어 가는 힘이기도 하다.

각 분야에 포진한 필진들은 실제로 블로그, 트위터, 페이스북 등의 영향력 있는 SNS 유저들로서 콘텐츠 능력·전문성·영향력을 담보하는 기사를 만들어낸다. 미디어오늘의 다양한 필진도 후자에 해당한다. 애초에 일반인을 트레이닝해 기자로 만드는 것이 아니라 사안별 전문가를 필진으로 활용하는 형태는 그 자체로 온라인/디지털 환경에서 많은 이점을 갖는 시스템이라 할 수 있다.

4) 롱테일에 집중한 사안별 심층 취재

온라인/소셜미디어 시대는 롱테일의 법칙이 그대로 적용되는 다품종 소량 생산과 다양한 니즈가 표면화되는 시대이다. 일련의 새로운 미디어들은 이에 집중해 다양하고 특화된 사안에 보다 심층화된 앵글 설정과 취재를 진행한다.

사생활 취재로 유명한 디스패치, 시사 영상 분야에 특화된 미디어몽구, 제품/IT에 특화된 얼리어답터가 이에 해당된다. 슬로우뉴스는 느리지만 정확하고 심층화된 기사를 모토로 운영되기도 한다. 이런 미디어들은 온라인/디지털에 특화된 구조와 운영을 바탕으로 기존 주제별 잡지보다 더 빠르고 세분화된 사안에 심층적으로 접근한다. 고퀄리티의 콘텐츠를 생산해 특화된 니즈에 부응하는 것, 규모상 시즈널리티보다는 퀄리티에 더욱 집중해 콘텐츠 만족도와 신뢰도를 쌓는다는 것도 기존 미디어에 대항하는 힘이 되었다.

5) '기울어진 운동장'의 대안 미디어

2013년 대선 이후 미디어 환경에 대한 성찰 역시 새로운 미디어가 등장하고 흥하는 배경이 되었다. 뉴스타파, 미디어오늘이 여기에 해당된다. 〈나는 꼼수다〉에서 이어지는 딴지라디오 부흥도 대선 과정에서의 부채의식과 함께 대안 미디어로서의 가능성을 보여주었다. 기존 미디어

의 신뢰도 저하와 함께 그들의 문법을 이해하는 참신한 미디어의 등장
은 그 자체만으로 유저들에게 신선하게 어필됐을 것이다.💬

6) 노출/전달 방식의 패러다임 전환

기존 미디어가 검색 포털에 집중하고 있을 때 흥하는 미디어들은 패
러다임의 전환을 시도했다. '뉴스 카테고리에서 웹사이트 카테고리'로,
'only 네이버에서 다음, 구글'로 그리고 '팟빵, 사운드클라우드, 유튜브
등의 새로운 매체 발굴' 등이 그렇다. 포화된 카테고리에서 벗어나 '원
소스 멀티 유즈(one source multi-use)' 측면의 접점 다변화/노출 극대
화가 이루어진 것이다.

방법적으로는 SNS의 특성과 운영/콘텐츠의 기획을 잘 이해하고 이를
효과적으로 활용했다는 부분도 빼놓을 수 없다. 애초에 온라인/디지털
환경에서 태어나 이를 자신의 전장으로 삼은 미디어기에 기존 미디어
의 시각이나 방법론과는 '날'부터 달랐다. 허핑턴포스트의 채널 다변화
전략, 여타 미디어를 압도하는 SBS, 인사이트 등의 SNS 페이지 운영이
좋은 예에 속한다.💬

JJamBong.com 한겨레가 들여온 허핑턴포스트의 부흥을 이 지점에서 이해해 볼 수도 있다
JJamBong.com 이런 측면에서 매체의 변화없이 단지 드립형 SNS 운영에만 집중하고 있는 조
선일보의 운영론은 검토가 필요하지 않을까

#콘텐츠기획법

CHAPTER 05

흥하는
콘텐츠의
환상

흥하는 콘텐츠 제작의 필요조건

> '이렇게 하면 대박 콘텐츠를 만든다'고 호언하는 이들이 참 많다.
>
> 그런 말들은 일단 경계하자.
>
> 흥하는 콘텐츠를 위한 '필요조건'은 말할 수 있어도 '충분조건'은 주커버그도 모른다.

소셜미디어 환경의 변화에 따라 운영자 혹은 유저들이 가장 급격한 변화를 실감하는 부분은 단연 '콘텐츠'다. 이 글을 쓰는 지금 이 순간에도 어제 흥했던 방식이 오늘은 식상하니 말 다했다. 이 속도는 멀미가 날 지경이다.

1. 성공적인 콘텐츠의 기준

빠르게 변화하는 콘텐츠 기획론에서 지속적으로 고려할 수 있는 바

JJamBong.com 장난으로 하는 말이 아니다. 실제로 페이스북이 주최한 세미나에서 높은 직급의 강연자가 흥하는 콘텐츠를 만드는 방법으로 '유저와 소통하는 콘텐츠'를 만들라 조언한다. 그걸 내가 미처 몰랐다니(…)

로미터를 설정해두는 것이 좋다. 이를테면 '흥하다'의 기준은 무엇일까?

1) 여전히 중요한 전통적(?) 지표

SNS 초기부터 현시점까지 지속적으로 활용되고 있는 지표다. 먼저, 채널/페이지단에서 콘텐츠에 의한 결과 값, 즉 팬/팔로워 수, 방문자 수 등의 변화를 측정하는 방식이 있다. 이와 함께 개별 콘텐츠의 페이지뷰 (PV), 도달, 노출, 상위 노출 등을 기준으로 할 수도 있다. 결론적으로 콘텐츠에 의한 양적 변화를 기준지표화한 것이다.

2) 이제는 흔한 인터렉션과 인게이지먼트

단순 노출이나 양적 변화에서 한 단계 더 나아가 타깃의 구체적 반응을 트래킹하는 방식이다. 즉, 좋아요, 공유, 덧글 등을 더한 인터렉션, 여기에 클릭 지표 등을 추가한 인게이지먼트 등이 해당된다. 채널에 따라 공감, 추천 등의 메타블로그 지표가 추가될 수 있다. 경쟁사와의 비교를 통해 현재 수준을 가늠해볼 수도 있다.

3) 심화·발전하는 정성 목표/의미 분석

양적 지표에서 벗어나 인터렉션 등의 반응에 기초해 브랜드 우군이나 긍정 여론 형성, 유저들의 행동 분석, 제품/브랜드별 콘텐츠 반응 분석 등에 대한 지표가 이에 해당된다. 단순 수치에서 벗어나 보다 심화된 시각으로서 콘텐츠 기획의도, 의미에 따른 성과로 결과 값을 정교화할 수 있다. 마찬가지로 경쟁사와의 비교를 통해 현재 수준을 가늠할 수 있다.

4) 핵심 목표에 집중한 마케팅적 접근

콘텐츠 자체에서 벗어나 마케팅 목표와 연계한 기준 지표이다. 이를테면 집행에 따라 실질적 판매나 다운로드, 채널 믹스/커뮤니케이션 차원의 메시지 전파, 해시태그 전파, 클릭 등이 얼마나 이루어졌는지를 수치화하는 것이다. SNS가 마케팅 플랫폼화되면서 다양한 목표에 따른 분석법이 실질적으로 도입되는 추세이다.

2. '대박 맛집'과 '흥하는 콘텐츠'의 공통점

'흥하는 콘텐츠'에 대해 본격적으로 알아보기에 앞서, 백종원 씨가 쓴 《초짜도 대박나는 전문식당》의 몇 가지 법칙을 발췌해봤다.

① 가게 자리를 알아보는 것에서부터 성의와 열정이 필요하다.
② 공인중계사와 이야기해 보면 식당 창업의 어려움을 알게 된다.
③ 사람을 사랑하라. 음식 장사는 사람 장사다.
④ TV를 없애라. 손님과 대화하라.
⑤ 그곳 아니면 못 먹는 음식을 만들어라.
⑥ 내가 좋아하는 음식을 팔아라.
⑦ 메뉴를 줄여 전문점으로 포지셔닝하라.

⑧ 음식의 맛은 실제 맛에서 30%, 그 외 다양한 요소가 70%.

이 조건을 정리해보면 ①~②는 환경에 대한 이해, ③~④는 타깃에 대한 이해, ⑤~⑥은 자사에 대한 이해이다. 그리고 ⑦, ⑧은 그에 따른 구체적 전략이겠고.

이는 비단 '맛집'에만 국한되는 것이 아니다. 흥하는 콘텐츠 역시 먼저 '환경'을 이해하고 '타깃'에 대해 공부하며 '자신'을 객관적으로 바라봐야 한다. 당연한가? 이 간단한 법칙조차 지키지 못한 콘텐츠가 많다. 김연아 선수의 올림픽 금메달 도전을 응원하거나, 삼일절 날의 콘텐츠들이 그렇다. '김연아 선수를 응원'하고 '태극기를 달자'고 말하는 페이지들에서 해당 브랜드와의 어떤 맥락도 연관성도 찾아볼 수 없다.

3. 흥하는 콘텐츠의 필요조건

대박집의 비결은 이제 여러분도 알았다. 그럼 우리는 모두 제2의 백종원이 될 수 있을까? 마찬가지다. 흥하는 콘텐츠의 필요조건은 말할 수 있다. 그러나 '이렇게만 하면 뜬다!'고 말하는 사람들을 경계하라. 그러한 '충분조건'은 (이제 한 아이의 아빠가 된) 주커버그도 모른다. 지금부터 말씀 드리는 요건은 실무단의 경험 값에 의존한, 성공하는 콘텐츠가 갖춰야 할 최소한의 '필요조건'이다.

1) 교집합을 찾아라

기업/기관 담당자가 많이 하는 이야기 중 하나는 '우리는 할 이야기가 없다'이다. 정말 써먹을 소스가 없을까? 사실 관점의 문제일 뿐이다. 할 이야기가 없는 기업/기관/개인은 없다. 내부인과 마케팅 담당자가 아닌 유저, 고객의 입장에서 고민해야 한다. 안팎의 핵심 이해관계자 목소리에 귀를 기울여라. 이를 바탕으로 우리는 '하고 싶은 이야기'와 '고객이 듣고 싶어 하는 이야기'의 교집합을 찾아야 한다. 흥하는 콘텐츠는 이 교집합을 절묘하게 잡아낸다. 이는 그 자체로 채널 운영 목표와 부합한다.💬

2) 다양한 목소리를 활용하라

소셜 콘텐츠에서 콘텐츠 화자, 전달 방식 등을 활용해 다양한 시각 및 입장의 이야기를 전달하는 것은 유효한 방식이다.

단순히 '우리 짜장면은 맛있다'고 말하지 마라. 주방장의 입을 빌려 이 짜장면의 특별함을 이야기하라. 내·외부의 다양한 시각과 함께 생생하게 살아 있는 디테일한 이야기는 유저들이 기업/기관에게 듣고 싶은 이야기다.

3) 소셜 문법을 찾아라

흥하는 콘텐츠는 소셜미디어 문법을 얼마나 이해하고 효과적으로 적

JJamBong.com 오프라인상에서도 그렇지만 내가 하고 싶은 말만 하면 그건 그냥 꼰대

용했는가에서 결판나는 경우가 많다. 똑같은 소재, 동일한 방식에도 불구하고 이 '문법'은 큰 차이를 만들어낸다. 소셜미디어 환경을 이해한 다음 그에 최적화된 콘텐츠를 만들어야 한다.

4) 타깃에게 최적화하라

SNS는 유저의 디지털 라이프 사이클(digital life cycle)을 디테일하게 분석하고 적용할 수 있다. 이는 다른 미디어와의 가장 큰 차별점이다. 방문자, 팬, 소비자의 데이터를 확인하고 이에 따라 최적화된 소재, 시간대, 방식을 고려하라.

기획 측면에서 타깃의 시즈널 이슈와 브랜드/제품을 복합적으로 고려하는 것은 기본이다.

5) 연결하라

소셜 콘텐츠는 Connected되어 그 효과가 극대화된다. 팬과 팬, 유저와 유저, 채널과 채널, 브랜드와 브랜드를 연계한 운영은 흥하는 콘텐츠의 주요 요건이 된다. 이때 자사 채널은 물론이거니와 타깃이 방문하는 다양한 채널들에 대한 전반적인 고려가 필요하다.

실전 소셜 콘텐츠 제작 가이드

1. 엄청난 뉴스 가치가 있다.

2. 돈 싸 들고 찾아오는 소비자를 두었다.

3. 김연아나 서태지, 설현 등을 가용할 수 있다.

위 세 가지에 해당하는 브랜드/제품이라면 이 글은 사실 필요없다. 채널 환경은 갈수록 '험난'해지고 있다. '필요조건'만으로는 흥하는 콘텐츠를 만들기 쉽지 않은 것이다.

실제 실무단에서 활용하는 콘텐츠 제작 가이드를 소개한다.

1. 기획

"애초에 될 만한 콘텐츠를 고민하라."

가장 먼저 고려해야 할 점은 '기획'이다. '흥하는 콘텐츠가 되느냐 망하는 콘텐츠가 되느냐'의 5할은 여기서 판가름 난다. 대학 시절 존경하

는 문예창작학과의 한 교수님은 상업적인 글쓰기가 갖춰야 할 요소로 다음 세 가지를 꼽으셨다.📱

'누구나 일생의 역작을 쓸 수 있다. 자신의 이야기로 말이다'와 같이 개인사를 펼치는 페이지가 아닌 기업/기관의 입장이라면 이 중 한 가지 이상은 꼭 담아야 하는 것이다.

결국 '공유할 가치가 있는' 콘텐츠를 기획하는 것이 요점이다. SNS에서 '공유'란 무슨 의미를 갖고 있을까? 좋아요나 댓글과 달리 공유는 현 시점에서 내 친구들에게 '다시 소개'되는 유일한 인터렉션이다. 말하자면 '내 타임라인을 더럽혀도 좋다'라는 것. 그만한 가치가 있는 콘텐츠인가? 세 가지 요소가 담겨 있는지 다시 한 번 살펴보도록 한다.

2. 운영

"적시적소, 시의적절, 콘텐츠 운영을 정교화하라."

소셜미디어에서 유저의 디지털 라이프 사이클은 재차 강조해도 지나

치지 않다. 모든 콘텐츠는 타깃에 따라 차별화되고 최적화되어야 한다. 이에 대한 이야기는 〈콘텐츠가 흥하는 '시간대'는 허상이다〉 편에서 좀 더 자세히 다루도록 하겠다.

3. 구성

"소셜 콘텐츠는 보도자료가 아니다."

소셜 콘텐츠는 타깃/유저만을 고려해야 한다. 그동안 우리가 배웠던 글의 구성이나 방식은 무시해도 좋다. 결국은 타깃에게 '전달'된 콘텐츠만이 메시지로서 의미를 갖는 채널이기 때문이다. 이때 다음을 고려하라.

· 글의 뼈대를 논리적으로 구성해야 한다. 한번에 그림이 그려지지 않는 앵글은 독자가 이해해주지 않는다.
· 잘 쓴 글은 디테일에서 결판난다. 한 줄의 훌륭한 카피는 많은 제반 정보를 바탕으로 축약하는 과정에서 탄생한다.
· 소셜미디어 콘텐츠의 직관성은 '구조'에 달려 있다. 보기 좋은 것은 그 자체로 가치 있다.
· CTA(Call to Action), 역삼각형 구조, link 또는 클릭 유도 등등 채널단의 효과적 요소를 고민하라.

4. 작성

"소셜 콘텐츠는 노출로 완성된다."

작성 단계에서 고려해야 할 것은 '노출'이다. 소셜미디어 콘텐츠는 누구나 발행할 수 있다. 이에 따라 콘텐츠가 타깃에게 어떻게 많이 노출될 수 있을지 고민해야 한다. 특히 채널에 따라, 네이버나 구글 등의 검색엔진, SNS별 노출 알고리즘에 맞게 최적화해야 한다. 이와 관련해서는 〈SEO는 결국 '가치 있는 콘텐츠'에 대한 고민이다〉 편에서 자세히 다루도록 한다.

5. 마지막으로……

"결국 오프라인에서 기능하라."

실전 소셜 콘텐츠 제작법에서 마지막으로 강조하는 것은 결국 오프라인과 연결돼야 한다는 점이다. 다들 '소셜 콘텐츠, 소셜 콘텐츠' 하지만 사실 오프라인과 온라인을 위한 콘텐츠가 따로 있는 것은 아니다. 표현 방식과 전달상의 차이일 뿐 오프라인의 이야기를 온라인에 맞게, 온라인의 이야기를 오프라인에 맞게 펼쳐내는 작업과 다를 바 없다. 이와 함께 기업/기관 담당자라면 고객과 타깃을 '현실에서 기능하도록', '행동하도록' 이끌어내야 한다. 온라인에서만 활동한다면 그저 히키코모리에 불과하다. 소셜미디어의 진짜 폐해는 그것이 온라인에서 한정적일 때 발생하지 않는가.

:   **'공유'를 부르는 소셜미디어 콘텐츠 제작법 5단계**

소셜미디어 콘텐츠에서 '공유(share)'의 의미는 결코 작지 않다.

특히 현시점에서 공유될 만한 Shareable은

사실상 소셜미디어 콘텐츠의 핵심이자 유일한 명제라 해도 과언이 아닐지 모른다.

소셜 큐레이션 미디어 '버즈피드'를 예로 들면 이 '페이스북에서 가장 많이 공유되는 콘텐츠 사업자(2위인 허핑턴포스트의 약 2 배 수준)'는 서비스 지표 자체를 '페이지뷰를 늘리는 방향'으로, '소셜 공유를 늘리는 방향'으로 설계하고 있다.

그 외에도 '소셜미디어 콘텐츠의 열쇠는 공유될 만한 Shareable에 있다'는 주장은 어디서나 쉽게 찾아볼 수 있다. 이유는 아래와 같다.

· 채널 환경의 변화에 따라 SNS 타임라인에서 기업/기관의 콘텐츠
  는 (광고라도 하지 않는 한) 노출되지 않는다.

- 페이스북을 필두로 기존의 '인터렉션'은 무력화되었다. 이제 '공유하기'를 제외하면 SNS 특유의 확산성을 기대할 수 없다.
- 그 밖에 '공유'는 핵심 타깃과 그 이웃에게 콘텐츠를 전달하는 확실한 방식이다. 그 자체로 각 SNS나 검색 포털상에서 노출을 높여주는 기능을 한다.

1. '유입'이 아닌 '전달' 측면에서 자체 플랫폼 및 배포 채널 구축

효과적인 콘텐츠 노출에 연계한 공유 측면에서 우리는 채널로의 '유입'이 아니라 영향력 측면에서 얼마나 타깃에게 '전달'되는가를 고민해야 한다. 말하자면 '우리의 뉴스, 메시지가 타깃에게 얼마나 영향을 끼치는가'이다. 그러므로 Owned Media 측면에서 플랫폼과 그 배포 채널을 구축하고 개선해야 한다. 버즈피드가 좋은 예이다. 이 명민한 미디어는 콘텐츠 디스플레이부터 각종 인터렉션 아이콘을 통한 개인 계정 연동, 배포 방식까지 모두 '전달' 측면에서 플랫폼을 최적화한다.▪

공유 기능에 대한 고민도 다시 한 번 해 볼 필요가 있다.

- 공유했을 때 각 SNS에서 최적화되어 보여지는가?
- 공유 아이콘이나 디자인이 가독성을 저해하거나 반대로 묻히지

JJamBong.com 허핑턴포스트와 비교하면 그 차이는 더욱 두드러진다

는 않는가?

- UI 측면에서 공유 기능이 채널환경을 저해하지는 않는가?
- 보다 많은 공유를 이끌어내려면 어떤 점을 추가로 고려해야 하는가?

즉, 유저 입장에서 언제 어디서나 쉽고 편하게 그리고 '하고 싶게' 플랫폼을 구축·개선하라는 것이다.

콘텐츠 배포 측면에서는 적정마케팅연구소 김철환 소장님의 언급대로 콘텐츠의 '1차적인 도달력을 키우는 것'이 주요 포인트이다. 좋은 콘텐츠는 어떻게든 퍼진다고들 하지만 현실적으로 최초 노출이 보장되지 않는다면 다른 많은 콘텐츠처럼 그냥 묻혀버린다. 이때 페이스북, 트위터 등의 기존 SNS는 물론이고 다양한 큐레이션 미디어를 포함해 효과적인 채널을 지속적으로 검토해야 한다. 동일한 관점에서 SEO에 대한 고민도 필요하다. 결론적으로 타깃에게 메시지를 전달하는 측면에서 콘텐츠 플랫폼 구축과 배포에 대해 고민해봐야 한다.

2. 오직 타깃만을 고려한 콘텐츠 기획

공유를 부르는 콘텐츠는 기획 측면에서 고민해볼 요소가 많다. NiemanLab의 SONYA SONG은 공유의 세 가지 심리적 요인을 'Charged with emotions, Bounded by self-image management, By concerns over relationship with others'라고 정의한다. 그 밖에 emotion이나 valuable이나 discover 등 많은 이야기들이 또 논의되기도 한다.

다만 이러한 접근은 조금 지난하다. 〈실전 소셜 콘텐츠 제작 가이드〉에서 언급했지만 '재미, 정보, 감동 셋 중에 하나 이상을 담아야 한다'를 다시 강조하고 싶다. 많은 글쓰기가 그러하지만 소셜미디어 콘텐츠는 끊임없이 변화하고 있으며 집행하는 주체나 주제, 방식에 따라 천차만별이다. 현시점에서 잘되는 주제나 방식이 모두에게 맞지는 않는다는 거다. 결국 기업/기관에 따라, 처한 환경에 따라, 재미, 정보, 감동 셋 중 한 가지를 담은 이야기를 만들어야 하고 이것이 공유를 부르는 기획이라고 생각한다.

더불어 단 하나의 진리가 있다면 오직 '타깃에게 최적화하라'는 것이다. ① 활용 가능한 수단과 방법을 다해 타깃 데이터 취합 ② 이들 데이터를 종합적으로 활용한 기획 및 운영 ③ 기업, 산업에 따라 실시간 이슈 트렌드 모니터링 및 활용 ④ 집행 시점에서 선 테스트에 의한 지속적인 개선 등이 여기에 해당된다. 채널 운영, 콘텐츠 전략은 갈수록 정교화되어 간다. 이때 우리가 고려해야 할 핵심 지표는 '타깃' 그 자체뿐이다. 이는 여러 기사나 레포트를 참고하는 것보다 훨씬 신뢰할 수 있는 방식이다. 하지만 데이터에 기반한 운영론은 실무단에서 필연적으로 많은 리소스와 노력을 필요로 한다. 생각보다 쉽지 않다. 데이터와 노하우에 기초한 직관을 적절히 섞는 운영의 묘가 필요한 지점이다.

3. '충분히' 훌륭한 품질과 형태에 대한 고민

사실 이 '공유'는 해당 콘텐츠에 대한 공감은 물론, (친구에게 소개할까 말까 하는) 개인적 욕구 모두를 아울러야 비로소 이루어질 수 있다. 이런 이유로 공유를 부르는 소셜미디어 콘텐츠는 '충분히' 훌륭한 결과물이어야 한다. 이는 형태, 방식, 구성 모두를 아우르는 명제이다. 단순히 낚시질을 잘해 많은 유입이 이루어진 콘텐츠는 공유를 부르지 못한다. 2차적인 유입도 지난한 일이겠고. 또한 후킹을 통해 발생한 트래픽 역시 장기적으로 악순환의 연속임을 우리는 잘 알고 있다.

그렇다면 어떻게 해야 '충분히' 훌륭한 콘텐츠를 만들 수 있을까? 우리는 그저 노력할 뿐이다. 다만 기준이 '충분하게' 설정되었는지는 되돌아볼 일이다. 더불어 이 노력들은 궁극적으로 '영향력'에 대한 고민이어야 한다. 무슨 무슨 유행하는 스킬이나 방식이 아니라 가치 있는 콘텐츠를 만들기 위한 작업 말이다. 공유는 이러한 노력이 모여 전체 커뮤니케이션단에서 발생하는 결과물이다.

4. 사안별 영향력에 기반을 둔 최적화된 접점 확보

굳이 채널환경 변화를 따지지 않아도 콘텐츠 자체의 영향력 증대는 물론, 접점 확대를 위한 방법론 역시 고려해보아야 한다. 특히 사안별로 영향력에 기반한 접근이 필요하다. 이때 인플루언서를 '활용한' 단순 제작이 아니라, 이들을 통해 콘텐츠 자체의 영향력을 배가시키는 방안을 고민함이 옳다.

이때 다음을 고려해보자.

- 인플루언서와 함께하는 콘텐츠 기획, 운영, 제작.
  이때 타깃별 최적화된 인플루언서에 대한 규정이 무엇보다 중요하다.
- 필진 외에 태그, 태깅, 임베드 등 다양한 방식을 통해 영향력을 함께 가져갈 수 있는 구조에 대한 고민.
  버즈피드의 임베드 방식의 콘텐츠가 여기에 해당한다.
- 다양한 페이지, 커뮤니티, 팟캐스트 등 사안별 타깃이 분포하는 채널을 활용한 전략적 접근.
  단순히 콘텐츠 노출 차원이 아니라 이들과 함께 할 수 있는 여러 가지 프로그램들을 고려해 보아야 한다.
- '공유' 측면에서 효과적인 광고 활용법에 대한 고민.
  이때 주제 및 사안에 따라 적확한 타깃팅은 물론이고 그것을 보여주는 형태에 대한 고민도 함께 해야 한다.

··· 인플루언서의 4가지 단계 ···

5. 지속적인 정교화

공유를 부르는 소셜미디어 콘텐츠 제작법 그 마지막은 '지속적으로 개선하라'이다. 다 아는 얘기다. 하지만 지속적으로 변화하는 채널 환경에서 다른 방법론보다 최우선해야 할 명제일지도 모른다. 특히, 기업/기관에 따라 각자의 환경에 맞는 운영론을 정립하고 콘텐츠 기획, 제작, 발행 등을 지속적으로 테스트·분석·개선하는 작업들은 중요하다.

JJamBong.com 빠르게 적용하고 평가 분석하며 개선하는 것. 소셜콘텐츠는 이른바 '린스타트업'을 닮아 있다

콘텐츠가 흥하는 '시간대'는 허상이다

:

무슨무슨 강의나 무슨무슨 책을 보면
'페이스북에서 효과적인 시간대는'으로 시작하거나
'글은 짧게 써야 한다'는 식의 쪽집게 지적이 흔하다.
그거, 정말입니까?

콘텐츠의 '운영 정교화'에 있어 아래의 결과를 참고하자.

이 조사는 소위 '잘 되는 페이지들은 어떤 콘텐츠를 올릴까?'라는 궁금증에서 출발했다. 유료 SNS 분석 툴을 활용해 4,816개 페이스북 페이지 중 인게이지먼트 상위 20개를 분석해 봤다. 분석 모집단은 아래 기준으로 선별되었다.

· 일정 비교군을 형성하기 위해 팬 수 2만 이상의 기업/기관/브랜드 페이지만을 대상으로 한다.

· 콘텐츠 주제(사안에 따른 기사)에 따른 결과 값의 진폭이 큰 '미디어' 페이지, 저작권을 무시한 '이슈 큐레이션 페이지', '인터 렉션 기준 내림차수 정렬로 30% 이상이 이벤트 게시물인 페이 지', '모든 결과 값이 합쳐지는 통합 운영 형태의 글로벌 페이지', '광고 콘텐츠로 추정되는 페이지나 게시물'은 일괄 제외한다.

1. 상위 20개 페이지 선정 결과

인게이지먼트 기준으로 모집단을 설정할 때 특이점은 상위 리스트의 대부분이 '이슈 큐레이션 페이지'라는 점이다. 페이스북의 환경 변화와 함께 유저들의 최신 관심사를 짐작할 수 있는 대목이다. 이러한 이슈 큐 레이션 페이지를 일괄 제외하고 선정된 20개 페이지에는 기업/브랜드 카테고리군이 50%로 가장 많았다. 그 다음은 공공기관(35%), 특정 카 테고리 미디어(10%), 스포츠 팀(5%) 순이었다. 업종별로 폭넓게 분포되 어 있어 이 이상의 구분은 의미 없다.

선정된 페이지의 콘텐츠를 바탕으로 운영 타깃을 정리해 보았다. 연 령대별로 '20-30세'가 34%로 가장 많다. 그 다음으로는 15-19세(11%), 30-35세(10%) 순이었으며, 35-39세, 40세 이상도 각각 7%였다. 다만 콘텐츠만으로 타깃을 특정할 수 없는 페이지가 31%에 달했는데, 타깃 에 따른 콘텐츠 전략이 부재한 혹은 부족한 페이지가 많다는 것을 알 수 있었다. 타깃의 남녀 성비는 50:50으로 동일했다.

2. 상위 20개 페이지 '전체 콘텐츠' 분석

선정된 상위 20개 페이지 '전체 콘텐츠'의 운영 형태를 분석해봤다. 결론부터 이야기하자면 20개 페이지들은 페이스북의 변화된 환경과 타깃의 이용 행태를 고려해 자사/브랜드/상품에 최적화된 운영 전략을 선택하고 있었다.

게시물 유형부터 살펴봤다. '사진'이 압도적으로 많았고 '텍스트'가 그 뒤를 이었다. 상대적으로 '아웃바운드링크(Outbound Link; 트래픽을 사이트 외부로 이동시키는 링크의 형태)'는 적었는데 페이스북이 이런 형태의 노출

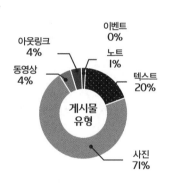

을 낮추는 데에 따른 선택이겠다. '텍스트'의 경우 기업보다 공공기관이 더 많이 활용하고 있었다.

다음으로 페이지별로 게시 시간대가 가장 높은 2개 값을 합해 요일별/시간대별로 정리했다. 대부분이 평일을 선호하고 있는 가운데 월요일과 금요일이 가장 높았다. 시간은 08~11시, 13~17시의 비율이 높았

다. 일반적으로 사용자들의 SNS 이용이 떨어진다는 17~19시에 올리는 경우도 많았는데 이는 서비스, 문화 카테고리군의 페이지에서 찾을 수 있었다.

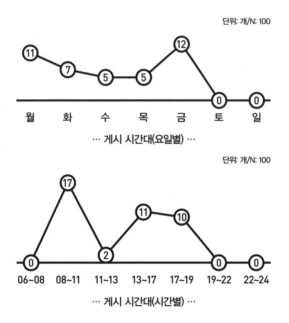

단위: 개/N: 100

… 게시 시간대(요일별) …

단위: 개/N: 100

… 게시 시간대(시간별) …

마지막으로 상위 20개 페이지의 평균 게시 횟수를 분석했다. '노출에 가장 효과적인 주기는 몇 번'이라거나 '스팸에 따른 팬 이탈을 막기 위해 최소화해야 한다'거나 '콘텐츠 품질에 집중하는 것이 옳다'는 등 많은 이견이 있는 부분이지만 하루 평균 게시 횟수는 2.09회인 것으로 나타났다.

3. 상위 20개 페이지의 '인터렉션 상위 5개 콘텐츠' 분석

'전체 콘텐츠'에 따른 운영 분석에 이어 20개 페이지의 인터렉션 기준 '상위 5개 콘텐츠(총 100개)'를 다시 취합해보았다. 이 분석을 통해 실질적으로 어떤 콘텐츠가 높은 인터렉션을 이끌어내는지 확인할 수 있을 것이다. 이때 이벤트와 광고 활용으로 추정되는 게시물은 일괄 제외했다.

1) 일반 현황

'전체 콘텐츠'와 마찬가지로 게시물 유형을 먼저 살펴봤다.

전체 콘텐츠와 비교했을 때 '사진'이 약 15% 더 높아지는데, 증가분 중 10%는 '사진 여러 장(

멀티이미지 포스트)' 형태였다. '동영상'의 경우에는 전체 콘텐츠에 비해 10%가 높아진 14%로 나타났다. 이외 '아웃바운드링크'를 포함하여 다른 형태는 하나도 없었다.

게시 시간대를 분석해 보니 '전체 콘텐츠'와 비교했을 때, 08-11시가 가장 높은 점은 동일했지만 다음은 '17-19시'였다. 그밖에 '19-22시'나 '11-13시'도 높게 나타나고 있었는데, 전체적으로 인터렉션이 높은 시간대를 특정하기 힘들다는 것을 알 수 있다. 실제로 상위 5개에 선정된 게시물들은 기업/기관에 따라 탄력적인 게시 시간대를 선택하고 있었다.

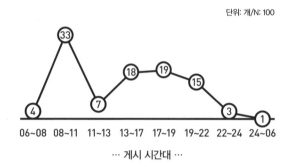

단위: 개/N: 100

… 게시 시간대 …

2) 형태 분석

콘텐츠 측면에서 좀 더 자세히 살펴보자.

먼저 콘텐츠의 소재다. '제품/사업' 관련이 과반을 차지했다. 이에 비해 '흥미'나 '일상 공감'은 '정보성'보다 오히려 낮게 나타났다. 소셜 큐레이팅 페이지와 차별화되는 기업/기관만의 콘텐츠 전략을 고민해 볼 수 있는 지점이다. 특히 상위 5개의 콘텐츠들은 자사의 상품이나 서비스를 콘텐츠에 적절히 녹여내고 있는 경우가 많았다. 다만 '회사/브랜드'가 매우 낮게 나타났다는 점은 제품 단위의 좀 더 세분화된 페이지에 대한 가능

성 측면에서 참고해 볼 만하다.

아이폰과 같은 iSO 모바일 환경 기준으로 텍스트의 길이를 분석했을 때 4줄이 가장 많았고 '더보기'를 눌러야 전문을 볼 수 있는 6줄 이상도 31%에 달했다. 6줄

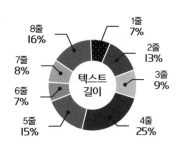

이상의 긴 글일 때에는 공공기관에서 사실이나 감성 형태의 정보를 전달하는 경우가 많았다. 사실상 '짧은 텍스트'에 대한 강요는 논파가 가능하다. 텍스트가 짧은 콘텐츠가 옳은 것이 아니다. 중요한 것은 그것이 충실하게 채워졌는가의 문제다.

텍스트 소구의 형태 분석 결과 '정보 전달'의 형태가 가장 많았다. 기업/기관의 공식 페이지인 만큼 정보 전달 형태가 많이 쓰인 것이 그 이유일 수 있다. 다음은 '감성 형태'였는데 기업의 경우 '제품+감성', 공공기관의 경우 '특정 이슈+감성'의 형태가 높은 인터렉션을 발생시키고 있었다. 2013년부터 많은 페이지들이 시도하고 있는 '흥미/농담(드립) 형태'의 경우 일부 페이지가 별다른 맥

JJamBong.com 2016년을 기준으로 '더 보기'의 기준은 이와 다를 수 있다

락 없이 무리하게 차용하는 경우가 종종 눈에 띄었다. 인터렉션과 별개로 이런 구성이 효과적인 메시지 전달에 도움이 될지는 고민이 필요한 대목이다.

마지막으로 '인터렉션&연동' 요소를 살펴보았다. 분석 결과 '자사 캐릭터&모델 활용'이 32%, '관련 사이트 안내'가 30%, '태그'가 14%, '의문'과 '직접행동요청'이 각각 12%였다. 상대적으로 '태그'나 '의문', '직접행동요청'이 인터렉션에 실질적으로 도움이 되는지에 대한 추가적인 고민이 필요하다.

4. 조사 결과에 따른 '페이스북 콘텐츠 전략' 제언

- 모수의 한계를 감안해야 한다. 콘텐츠 전략을 위한 참고 지표 정도가 적당하다.
- 페이스북 운영에 앞서 자사에 대한 면밀한 분석이 선행되어야 한다. 그에 따라 페이지 콘셉트와 운영, 콘텐츠 기획의 과정이 수반될 수 있다. 이는 해당 기업/기관의 메시지가 잘 담긴 '홍하는' 콘텐츠를 만들 가능성을 높여준다.
- 진리가 되는 운영론은 없다. 인게이지먼트 기준 상위 페이지들은 각자의 상황과 운영 목표, 타깃에 따라 각자 차별화된 콘텐

츠 전략을 취하고 있었다. 정답은 없는 것이 정상이다.

· 이벤트는 하나의 대안이지 답은 아니다. 일반 콘텐츠로 높은 인터렉션을 기록하는 케이스는 생각보다 훨씬 많다. 핵심은 명확한 목표에 따른 잘 기획된 콘텐츠에 있으며, 이벤트는 이를 상호보완해주는 역할로 고민해 볼 수 있다.

· '고양시'나 '부산경찰' 페이지가 이슈화된 이후 '흥미/농담 형태'의 운영을 도입한 공공기관이 많다. 다만, 형만 한 아우는 없었다. '흥미/농담 형태'의 운영이 우리 기관과 어떤 연관이 있는지 고민해 봐야 한다.

· 공공기관의 '감동 코드'에도 일정한 트렌드가 존재한다. 전 국민을 위한 서비스를 제공한다지만, 전 국민의 모든 관심사를 다루는 것이 과연 옳을까?

· 소위 '잘 되고 있는 페이지'에서도 저작권, 상표권, 초상권 이슈는 상존한다. 우리 페이지가 저작권을 잘 준수하고 있는지 되돌아볼 일이다.

SEO는 결국 '가치 있는 콘텐츠'에 대한 고민이다

:

SEO(Search Engine Optimization)?

이는 우리의 메시지를 타깃에게 전달하기 위한 최소한의 기준에 대한 고민이다.

"트위터에서 '1/100만 확률'은 하루 5천 번을 의미한다."

트위터 마케터의 말을 인용하지 않아도 지금 이 순간 셀 수 없을 정도로 많은 콘텐츠가 검색 포털이나 SNS에 새롭게 올라온다. 유저들은 이 많은 콘텐츠를 모두 볼 수 있을까? 물론 아니다. 그럴 필요도 없고.

여기서 검색엔진 최적화, 다시 말해 상위 노출 알고리즘의 필요성이 대두된다. 검색엔진의 '검색 노출'이나 SNS 타임라인상에서 '콘텐츠 상위 노출', 이를테면 '더욱 많이 노출'될 수 있도록 콘텐츠의 경중을 나누는 개인화된 알고리즘을 'SEO'라고 한다.

하지만 검색엔진 최적화와 관련해선 매우 조심스러워진다. SEO 혹은 뉴스피드 알고리즘을 마냥 무시해서도 안 되지만, 맹신하는 것만큼 어리석은 일도 없기 때문이다. 노출 알고리즘이라는 것은 어디까지나 상대적인 평가 기준이다. 이것이 노출되는 순간 더 이상 '알고리즘'이 아니라는 이야기다. 상위 노출이 '공식화'되어 있다면 그건 더 이상 작용되는 기준점이 아닐 테니까. 결국 각 채널들은 새로운 방법론을 끊임없이 제시하고 우리는 개개의 '경험 값'에 의존할 수밖에 없다.

그러나 이 서비스 주체들의 지향점은 명확하다.

원하는 정보(콘텐츠)를
원하는 시점에
원하는 장소에서
원하는 이에게
적확히 전달하는 것

결국 SEO는 '가치 있는 콘텐츠를 만드는 작업'으로 이해해야 하며 이는 곧 SEO의 본질이 된다. 이를 전제로 SEO가 의미 있는 2가지 채널을 살펴보고자 한다. 다만 '카더라'나 막연한 혹은 계속해서 변화되는 내용을 무책임하게 펼쳐놓을 생각은 없다. 현시점에서 검증되었거나 지속적으로 유의미한 내용만을 정리했다.

1. 구글이 말하는 SEO '검색엔진 최적화' 방법 6가지

구글에서 'Social Media'를 검색해 보자. 12억 개의 콘텐츠가 0.86초 만에 검색된다. 이때 천 번째, 12만 번째, 혹은 1억 5십만 번째 게시물을 사람들이 볼까? (업계 내에서는 네이버 블로그 카테고리 기준 2~3페이지, 즉 40~60개까지의 콘텐츠를 유의미한 노출로 설정하곤 한다) 다시 말해 상위 검색 노출이야말로 '메시지 전파'에 직결되는 블로그, 사이트를 운영하는 데 있어 핵심 요소라는 이야기다.

이에 따라 검색 포털의 SEO와 관련해 다양한 담론들이 오간다. 대한민국의 갈라파고스 네이버는 구글의 방법론과는 또 다르다. 다만, 이 책에서 정리하는 검색엔진의 SEO는 구글이 발표한 '검색엔진 최적화 기본 가이드'로 한정한다.▣ 이 자료는 '검색엔진이 한층 쉽게 콘텐츠를 수집하고 색인을 생성할 수 있도록 도움이 되는 방법'을 정리하고 있다. 구글이 이 분야에서 선도적이고 압도적 지위를 유지하는 만큼, 다른 검색 포털에서도 어느 정도 기준점으로 작용하겠다. 다만 원문은 매우 길고 지난한 내용들이라 요점 6가지로 정리해 짧은 의견을 덧붙이는 방식으로 소개한다.

JJamBong.com 애초에 네이버는 구체적이고 신용할 만한 SEO 가이드라인 자체가 공개되어 있지 않다

※ 단, 이 내용은 가입형보다는 설치형 블로그(《Chapter 06. 사람들은 왜 네이버를 싫어할까?》 참고)에 최적화되어 있다.

1) SEO의 기초

① 명확하고 독창적인 타이틀을 사용하라

- 역시 SEO의 기본은 제목이다.
- 제목은 〈title〉 태그에 넣되, 이는 〈head〉 태그 내에 있어야 한다.
- 콘텐츠를 '정확히' 설명하는 제목을 사용하라.
- 긴 제목이나 지나치게 많은 태그를 사용하면 안 된다.

② 'description' 메타 태그를 활용하라

- 페이지의 요약 정보를 〈meta name="description="Content="블라 블라"〉로 설명하라. 이는 검색 결과에 요약으로 보여지고 SEO에 도 도움이 된다.
- 문서의 전체를 복사해 넣거나 키워드만을 넣으면 안 된다. 해당 콘텐츠의 내용을 정확히 요약하라.

※ 결국 블로그 SEO는 전략적 키워드의 설정과 그에 따른 타이틀, 본문, 태그 등의 조합이 중요하다. 이는 블로그라는 콘텐츠의 구조가 근본적으로 바뀌지 않는 한 지속적으로 적용될 부분이다. 설치형 블로그의 경우 추가적으로 검색로봇을 위한 설정이 도움 된다.

2) 사이트의 구조를 개선하라

① 페이지의 URL 구조를 개선하라

· 이해하기 쉬운 URL은 검색 결과로 노출되어 사용자는 물론이고 검색엔진 모두에게 도움이 된다.
· 예를 들어 URL이 'Socialmedia'와 같은 형태라면 해당 검색에 도움이 된다. 반대로 알 수 없는 매개변수가 많으면 마이너스 요소가 된다는 의미이다.
· 즉, 숫자 형태로 지정하면 단순하지만 SEO에 도움이 안 되고, 한글로 지정하면 구글은 이를 불필요한 매개변수로 이해할 수도 있다는 의미.
· 단순하고 정리 정돈된 디렉토리 구조를 만들어라.

② 사이트 내에서 이동하기 쉽게 만들어라

· 정리 정돈된 페이지 간 이동 역시 검색엔진과 방문자 모두에게 이롭다.

- 예를 들어 루트 페이지 → 관련 주제 목록 → 특정 주제 형태로 정리돼야 하며 이는 실제로 내비게이션 역할을 하는 것으로 보여지는 것이 좋다.
- 이런 구조는 URL의 일부를 제거하고 이동하는 사용자에게도 큰 도움이 된다.
- 특히 플래시 혹은 자바스크립트를 다루지 않는 기기나 특정 모바일을 위해 이동경로는 'TEXT 링크'로 설정하는 것이 바람직하다.
- 보통 잘 만들어진 페이지에 가면 있는 HTML, XML 사이트맵은 이를 위해 만든 것이다.
- 잘못된 URL로 들어갈 때 뜨는 '404 페이지'에 유용한 링크를 설정해주면 방문자는 다시 우리 페이지로 돌아온다.

※ 사실 검색로봇을 위한 것이 방문자를 위한 것이다. 페이지의 구조를 유저가 쉽게 이해할 수 있고, 검색로봇이 잘 이해할 수 있도록 설정해야 한다.

3) 콘텐츠를 최적화하라

① 우수한 품질의 콘텐츠를 제공하라

- 경쟁력 있고, 유용하며, 독창성 있는 콘텐츠는 이 모든 것을 압도한다. 사용자는 이를 알아보고 자연스럽게 입소문을 내줄 거다.

- 읽기 편안한 내용과 구성, 직관성을 고려하라. 이미지 텍스트를 넣는 형태는 글쎄다. 검색엔진은 당연히 이를 읽지 못한다.
- 주제에서 벗어나지 않는 논리적 구성이 필요하다.
- 당연한 얘기지만 새롭고 고유한 콘텐츠를 만들어라.
- 검색엔진이 아닌 사용자를 위한 콘텐츠를 만들어라. 검색엔진만을 위한 콘텐츠는 구글이 '웹스팸'이란 방법을 시전해줄 것이다.

② 보다 나은 앵커 텍스트(링크)를 사용하라

- 그러니까 a href로 연결되는 링크 콘텐츠에는 그에 적절한 내용으로 설명해줘라.
- 내용을 함축해라. 짧지만 명확해야 한다. '여기를 클릭' 같은 것은 쓰지 마라.
- 링크는 사용자가 쉽게 인지할 수 있도록 설정해야 한다.
- 내부 콘텐츠 링크 역시 적극 활용하라. 이것은 사용자들을 해당 페이지에 머물게 해줄 뿐만 아니라 검색엔진이 해당 페이지를 이해하는 데 도움이 된다.

③ 최적화된 이미지를 사용하라

- alt 속성을 사용하면 엑박이 뜰 때에도 사용자가 내용을 이해하기 쉽다. 검색엔진도 이미지를 대략 이해할 수 있다.
- 이미지를 특정 디렉토리에 몰아넣으면 URL을 간소화하기 좋다.

- 파일 제목 역시 이미지를 설명하는 제목으로 설정하라.
- 파일 제목, alt 속성은 모두 설명적이되 간결해야 한다.
- 이미지를 사이트맵으로 제공하면 검색엔진이 당신의 페이지를 더 잘 이해할 수 있다. 말하자면, 이 모든 것은 구글봇을 이해시키기 위한 행위인 게다.

④ 제목 태그를 적절히 활용하라

- 〈h1〉부터 〈h6〉으로 구성되는 제목 태그는 직관성을 높여준다.
- 제목 태그는 글의 개요를 만드는 것과 같다(문단의 제목으로 이해하면 좋다).
- 적당히 해라. 너무 많으면 그게 제목 태그겠나?

※ 여러 번 반복했지만 가치 있는 콘텐츠는 모든 것을 압도한다!

4) 검색로봇에 대처하라

① Robot.txt를 효과적으로 활용하라

- Robot.txt는 검색엔진이 페이지에 접근하고, 접근하지 못하는 부분을 내비게이팅 해준다. 적절히 설정되어 있는지 확인하라.
- 너무 기본적인 얘기다. 내 페이지가 포털 사이트에서 제대로 노

출되고 있는지 확인해라. 각 포털은 검색 반영과 페이지를 등록하는 서비스를 제공한다. 구글의 경우 '웹마스터 도구'에서 제대로 돌아가고 있는지 확인할 수 있다.

· Robot.txt는 검색 차단을 위한 규약일 뿐이다. 이를 보안에 적용해 봤자 뚫린다.

· 민감한 콘텐츠는 암호화하거나 비밀번호로 보호해라. 링크로 참조하거나 Robot.txt를 들여다보면 다 보인다.

· '웹마스터'는 위의 내용을 편리하게 관리할 수 있도록 해준다. 구글의 서비스들이 대부분 그렇듯, 무료다!

② rel=nofollow 링크 속성 사용 시 유의하라

· 링크의 rel 속성값을 nofollow로 설정하면 사이트의 특정 링크를 따르지 말거나 페이지의 인지도를 링크된 페이지로 전달하지 말라는 의미이다.

· 스팸성 링크를 올렸다 해도 nofollow로 설정하면 해당 사이트의 인지도가 당신의 페이지에까지 미치지 않는다.

※ 전문적인 이야기가 좀 있긴 하지만 기본적으로 우리 글이 검색 포털에서 잘 노출되고 있는지를 수시로 확인해야 한다. 그렇지 않다면 전문가와 상의해라.

JJamBong.com 네이버에도 웹마스터 도구가 있다. 활용해보자

5) 모바일 최적화를 고민하라

① 구글에 모바일용 사이트를 알려라

- 구글에 모바일용 사이트가 색인되어 있는지 확인하라(검색창에서 'site: 연산자'로 검색).
- 모바일을 위한 구글봇 'Googlebot-Mobile'을 포함한 모든 User-agent의 접근을 허용하라(모바일 관련 설정을 건드릴 수 없는 티스토리 이하 블로그는 해당 사항 없다).
- 사이트에 모바일용 URL을 추가하는 방법은 아래를 참고하자.

② 모바일 방문자를 정확하게 안내하라

- 우리가 저지르는 가장 많은 실수는 모바일과 데스크톱 설정을 혼용한다는 것이다.
- 사용자를 위해 모바일과 데스크톱을 최대한 비슷하게 작성하라.
- 모바일용 URL에 접근할 때 반드시 데스크톱 버전으로 리디렉션할 필요는 없다. 다만 모바일용 페이지에 데스크톱 버전의 링크를 포함시켜라. 이는 사용자가 (혹시 모르는) 부족한 모바일 버전에서 데스크톱 버전으로 용이하게 이동하도록 돕는다.
- 동일한 URL을 바탕으로 User-agent, 즉 사용자 환경에 따라 그에 맞는 형태를 보여주도록 설정했을 경우 클로킹(cloaking),

즉 사용자가 보는 것과 검색봇이 보는 것이 전혀 다르게 설정된 환경으로 판단될 수 있다(이 경우 검색 결과 삭제). 그러므로 각각 다른 버전의 페이지를 설정할 것을 권장한다.

※ Mobile First는 홈페이지, 블로그에도 해당하는 이야기다. 모바일에서 어떻게 보여지는지, 잘 검색되는지를 항시 확인해야 한다.

6) 사이트를 올바르게 홍보하라

① 웹사이트를 올바르게 홍보하라

- 검색 상위에 오르기 위해 의도적으로 자신의 페이지를 링크(백링크)하면 사이트 인지도에 악영향을 미칠 수 있다.
- 블로그를 통해 새로운 소식을 공지하고 오프라인을 통해 웹사이트 주소를 홍보하라.
- 소셜미디어를 적절히 활용하라.
- 관련 커뮤니티와 교류하고 당신의 콘텐츠를 알려라.

2. 마케터들이 알아야 할 페이스북 뉴스피드 알고리즘 6가지 키워드

블로그에 이어 페이스북 콘텐츠 노출을 SEO 측면에서 이해할 수 있을까?

'뉴스피드상에서 상위 노출을 시키기 위한 방법'이라는 시각에서 뉴스피드 알고리즘을 SEO 카테고리로 정리해도 크게 무리는 아닐 것 같다.

페이스북이 포화되면서 기업/기관의 메시지 역시 혼재된다. 페이스북은 페이스북대로 새로운 알고리즘을 지속적으로 안내한다. 이에 따라 페이스북이 발표했거나 실무단에서 검증된 내용 중 현시점에서 커뮤니케이터, 마케터들이 알아둬야 할 알고리즘을 중심으로 소개한다.

1) 페이스북 뉴스피드 알고리즘의 기본 이해

페이스북 뉴스피드 알고리즘은 기본적으로 다음 2가지를 이해해야 한다.

첫째, 대화.

페이스북 알고리즘은 결국 사람과 사람이 연결되고 커뮤니케이션하는 '대화'의 관점에서 이해해야 한다. 페이스북은 이 대화가 보다 원활하고 보다 효과적이며 보다 의미 있게 이루어지도록 끊임없이 알고리즘을 업데이트하고 있다.

둘째, 공식적인 페이스북 노출 알고리즘.

여타 채널과 비교해 페이스북은 몇 가지 노출 알고리즘의 기본 개념을 공식적으로 공개한 바 있다. 이를 기본으로 노출 전략을 구성하되 운영 정책, 채널 환경에 따라 지속적으로 업데이트되는 내용을 트래킹해 현실적인 해법을 끊임없이 고민해야 한다. 그렇다. 끊임.없이.💬

2) 페이스북 뉴스피드 알고리즘 6가지 키워드

① #Edgerank

페이스북이 비교적 초기에 공개한 가장 보편적인 알고리즘 '엣지랭크(Edgerank)'가 첫 번째 키워드다. 엣지랭크는 아래 3가지를 축으로 기능한다.

· Affinity

일종의 친밀도를 뜻한다. 내가 친밀감을 표시한 계정을 뉴스피드에서 더 노출시켜주는 개념으로 보면 된다. 특정 포스트에 댓글, 좋아요, 공유 등의 인터렉션을 표시한 경우 이 포스트를 올린 계정은 나에게 좀 더 유의미한 계정으로 이해되는 것이다. 이런 측면에서 기업/기관 페이지들의 좋아요 이벤트 등을 이해해볼 수 있다. 다만 이와 관련한 페이스북의 채널 정화 측면에서의 변화는 다섯 번째 키워드에서 좀 더 자세히 살펴보겠다.

JJamBong.com 그래서 이 일 힘들다고 했잖아(…)

· Weight

콘텐츠 형태에 따른 '가중치'이다. 페이스북에 따르면 가중치는 다음과 같다.

사진/비디오 **>** 링크 **>** 단순 텍스트

2014년부터 영상에 대한 주요 정책이 잇따라 발표되면서 이에 대한 기대감이 높아지고 있다. 그러나 들어가는 품에 비해 체감되는 것이 그렇게 크지는 않다. 링크의 경우에도 2013년부터 꾸준히 아웃바운드링크를 중용하겠다고 발표했는데 마찬가지인 실정이고. 사실 페이스북은 폐쇄적인 플랫폼이다. 채널 밖으로 트래픽이 나가는 것을 매우 싫어하는데다가 채널 밖에서 잘 되는 서비스는 모두 내부에 구현해버렸다.📱

그러므로 현시점의 가중치는 다음과 같다고 보면 되겠다.

이미지 **>=** 영상 **>** 단순텍스트 **>** 링크

· Time Decay

시간에 따른 배점 부여다. 새로운 콘텐츠일수록 가점을 받는다. 트래킹해보면 포스팅 이후 3~4시간을 전후해 노출이 줄어든다. 이에 따라 포스팅 주기를 고민해볼 수 있다. 예를 들어 4시간 이전에 콘

JJamBong.com 우리나라에도 그런 서비스가 하나 있(…)

텐츠를 포스팅하면 서로의 노출 값을 잡아먹어 노출이 동반 하락하는 것을 발견할 수 있다. 이는 각 계정에 따라 조금씩 다르게 나타나므로 이에 대한 트래킹을 적절히 해 보는 게 좋겠다.

② #LastActor

2014년 5월 즈음에 발표된 알고리즘인 라스트액터(Last Actor)가 두 번째 키워드다. 최근 50개의 게시물을 분석해 인터렉션을 많이 받았다면 다음 게시물에도 영향을 끼치는 알고리즘으로 이해하면 된다. 결국 콘텐츠마다 인터렉션이 연결되고 그에 따라 해당 계정, 페이지의 영향력이 결정되는 것이다. 좋아요를 늘 많이 받는 계정이나 페이지를 여기서 이해해 볼 수 있다. 특히 페이지 운영 측면에서 인터렉션이 높을 만한 기획과 그렇지 않은 브랜드 중심 콘텐츠를 적절히 배치한 타임라인을 구성해보면 이를 효과적으로 활용할 수 있다. 반대로 장기적인 운영에도 불구하고 인터렉션이 비정상적으로 낮다면 일정 기간 운영을 멈추고 스코어가 평균으로 다시 회복되길 기다리는 것도 하나의 방법이다.

③ #StoryBumping

라스트액터와 함께 발표된 알고리즘인 '스토리 범핑(Story Bumping)'이 세 번째 키워드다. 엣지랭크에서 Time Decay에 상관없이 인기 있는 콘텐츠를 뉴스피드 상단에 올려주는 알고리즘이라고 보면 된다. 여러 기사나 포스트를 보면 이를 '미처 확인하지 못한 콘텐츠'라고 표현하고 실제로 페이스북도 그렇게 발표하긴 했는데, 오래된 콘텐츠라도 인터렉션이 발생했다면 상단으로 Bump up시켜주는 것으로 이해하면 된다. 특히 포스팅 초기에 많은 인터렉션이 오갈수록 해당 포스트의 영향력 주기는 비례하여 증가하는 것을 볼 수 있다. 이를 바탕으로 활발한 커뮤니케이션이 이루어질 수 있도록 콘텐츠를 기획·개발하는 접근이 필요하다. 이 스토리 범핑 알고리즘 적용 이후, 몇 달 혹은 몇 년 전 콘텐츠라 할지라도 인터렉션이 발생하게 되면 느닷없이 뉴스피드 상단에 오르는 경우가 왕왕 있다.

④ #친구우대

비교적 최근인 2015년 4월에 발표된 알고리즘의 요체는 이 '친구우대'라는 키워드로 정리할 수 있다. 바꿔 말하면 페이스북 뉴스피드 정화 알고리즘 정도라고나 할까. 친구우대는 크게 3가지로 나뉜다.

- 친구가 많지 않은 유저의 경우 이제는 한 유저의 포스트가 연속적으로 노출된다.
- 관심이 많은 친구의 콘텐츠를 우선적으로 노출시켜준다. 이는 엣지랭크의 Affinity와 비슷한 맥락이다. 유저들은 친구들을 '리스트'로 정리해 노출 우선순위를 주거나 '먼저 보기'를 설정해 해당 유저의 포스트를 더 많이 노출시킬 수 있도록 설정할 수 있다.
- SNS 특성에 반하는 측면이지만 친구의 '포스트 노출'을 늘리고 친구가 '인터렉션을 남긴 포스트'의 노출을 줄였다. 즉, 다른 페이지나 유저의 포스트에 반응을 해도 그 결과가 뉴스피드에서 잘 보일 수 없도록 조치한 것이다. 이는 기업에 매우 불리한 조

치다. 예를 들어 과거에는 특정 유저가 반응을 보인 포스트는 그 유저의 친구에게까지 퍼졌고 실질적으로 이 점이 SNS의 강점으로 언급되었다. 이제는 '공유'를 하지 않는 이상 안 뜬다. 재밌는 것은 이 알고리즘이 적용된 후에도 기업 페이지들의 인게이지먼트나 도달 값에는 큰 변화가 감지되지 않았다는 것. 그 이유는 (대충 예상된다만) 페이스북만이 알겠지.

⑤ #기업차별과_소셜광고활용

현시점에서 페이스북의 기조는 '기업/기관 등의 상업적 페이지를 배척하겠다'이다. 내 친구와의 대화를 늘리고 공해와 같은 기업/브랜드의 이야기는 줄여버리겠다는 것. 그럼 기업은 페이스북을 떠나라는 말일까?💬 이에 페이스북은 답한다. "광고를 이용해주세요"

실제로 위에서 살펴본 라스트액터나 스토리범핑의 경우 광고와 연결되었을 때 그 효과가 배가된다. 광고를 진행한 콘텐츠가 오가닉 리치 또한 더 크다는 점은 공공연한 사실이기도 하다. 광고 집행 후에는 집행하지 않은 콘텐츠마저 도달이 증가한다는 점도 웃기지만 사실이다.

이와 더불어 지원사격(?) 정책을 발표하기도 했다. 'Like Baiting(브랜드와 상관없거나 일방적인 좋아요 이벤트나 콘텐츠를 집행하면 안 됨)/Frequently Circulated Content(반응이 좋은 콘텐츠를 새로운 게시물로 반복해서 올리면 안 됨)/Spammy Links(게시물 브랜드와 상관없는

JJamBong.com 이와 별개로 페이스북은 '이용자와 밀접한 관계를 맺은 친구의 포스트 상위 노출', '너무 잦은 포스팅을 할 경우 노출 제재' 등의 알고리즘을 차례차례 발표하고 있다. 기업이나 미디어들이 관심을 가져야 할 항목이다

언어를 사용하거나 링크 값이 브랜드와 상관없거나 광고로만 이루어져 있으면 안 됨)' 등등이 그것이다. 이를 위반하는 경우 노출을 제한하거나 페이지 제재 조치를 취하겠다고 발표했다. 결론적으로 기업/기관들이 페이스북 해먹기 참으로 엄혹한 세월이다. 아이고.

⑥ #지속참고

　여섯 번째 키워드는 '지속참고'이다. 지속적으로 변화되는 알고리즘을 참고해야 한다는 것이다. 먼저 2015년 6월에 발표된 '사용자가 오래 읽는 포스트'에 가점을 부여하겠다는 정책을 참고할 필요가 있다. 오래 머무는 포스트가 좀 더 의미 있다는 뜻인데 이 알고리즘이 페이스북에 어울리는지는 잘 모르겠다. 2014년에는 '현재 인기 있는/화제가 되는/많이 언급되는' 주제에 우선순위를 적용하겠다고 밝히기도 했다. 그러나 이에 대해서도 다소 회의적이긴 하다. 특히 국내의 경우 글로벌단과 '화제'가 다른데…… 페이스북 코리아가 적용할 캐파(capacity)가 될 수 있을까? 페이스북의 한글화와 함께 알고리즘 연계가 체계적일 거라는 기대도 솔직히 되지 않는다. 더군다나 페이스북 극악의 검색기능은 익히 알려져 있는 바. 이런 게 가능하다면 검색기능을 여태껏 내버려뒀겠는가?💬

　어쨌든 지금 이 순간에도 샌프란시스코의 옷 못 입는 젊은이들은 새로운 알고리즘을 무턱대고 발표하고 있다.

JJamBong.com 물론 지역적으로 높은 인터렉션이 발생하는 글과 키워드를 선별할 수는 있겠으나 검색 기능과 맞물려 그렇게 긍정적으로 보이지는 않는다

#I_LOVE_NAVER

CHAPTER 06

사람들은
왜 네이버를
싫어할까?

:   **네이버가 알려주지 않는 블로그의 진실**

대한민국 갑 of 갑 네이버.

네이버를 중심으로 요즘 유난히 뜨뜻미지근한 블로그

그리고 그 생태계인 블로고스피어에 대한 이야기를 해보자.

한물갔다 아니다 이제부터 시작이다,

방문자 수가 어쨌다,

파워블로거다 아니다 블로거지다,

인플루언서 활용이다, 브랜드 저널리즘이다……

블로그를 놓고 말이 많다. 그리고 이 담론들 사이사이에 대한민국 블로고스피어(blogosphere; 일종의 블로그 생태계를 일컫는 용어)에 절대적인 영향력을 행사하는 '네이버'가 언뜻언뜻 보인다.

1. '블로그'는 네이버 가두리 양식의 첨병이다

네이버는 대한민국의 생태계를 지배하고 있는 무소불위의 존재다.💬 그 중에서도 '블로그'는 '지식인'에 이어 네이버 생태계를 기능하게 만드는 일명 '가두리 양식'의 첨병이다.

이게 무슨 얘기냐면,

온라인에서 트래픽은 곧 돈이자 힘이다. 과거 야후!(YAHOO!), 다음(DAUM)의 시대만 해도 검색 포털은 단순 전달자 역할에 머물렀으나 네이버에 이르면서 모든 관련 생태계를 빨아들이는 블랙홀이 되었다. 예를 들어, 검색 포털에서 '소셜미디어'를 검색해 보자. 과거에는 (구글은 여전히) 소셜미디어 관련도가 가장 높은 사이트를 안내해줬다. 현재의 네이버는 어떨까? 네이버 지식백과나 네이버 블로그, 네이버 카페, 네이버 지식인 등 네이버 내부에서 모든 정보를 얻도록 구성돼 있다. 즉, 이용자는 네이버를 떠날 필요가 없다. 모든 트래픽을 네이버가 독식한다는 이야기이다.

네이버의 독식이 가능하게 된 데에는 세상 만물의 답을 네이버 안에서 찾아준다는 '지식인'과 세상 만물의 이야기를 네이버 안에서 볼 수

있게 해준 '블로그'가 그 역할을 톡톡히 했다. 온라인상의 모든 정보와 담론을 네이버 안에서 찾고 즐길 수 있는 환경이 갖춰진 것이다. 물론 지난한 자사 콘텐츠 우선 노출 알고리즘도 제대로 한몫했고.🗨

　다시 말해, 네이버에 가입만 하면 블로그를 안겨주는 혜택이 심심해서 그냥 만든 기능이 아니란 의미다. 좋든 싫든 네이버 블로그는 모기업의 전위대 역할을 할 소중한 자원이다.🗨

2. '스크랩'과 '이웃'은 RSS의 의도적 사생아다

　'Really Simple Syndication' 혹은 'Rich Site Summary'의 약자인 RSS를 아시나요?

　RSS는 블로고스피어를 구성하는 근원적인 기능이다. 이는 '메타블로그(블로그 커뮤니티)', '리더기(RSS 모아보기 프로그램)'와 맞물려 자신이 관심 있는 블로그의 글을 쉽게 받아볼 수 있게 고안된 전 세계 공통의 규약이라고 보면 된다. 블로그를 활용하는 세상의 모든 서비스는 RSS를 활용해 블로고스피어를 구현하고 그와 연계된 생태계를 완성한

JJamBong.com 최근 자사 블로그 등을 통해서도 부정하고 있지만, 동일한 글을 '퍼가기'한 네이버 블로그의 글이 원 글보다 상위 노출되는 것은 여전한 현실이다

JJamBong.com 현재 네이버 블로그 수는 2천 6백만 개에 달한다. 국민 2명당 1명이 네이버 블로거인 셈이다(수치상으론)

다. 이때 RSS는 일종의 NOTICE 기능으로서 각 채널들의 트래픽을 연동하고 관련 생태계를 선순환시키는 핵심 역할을 한다.

네이버 시대(?)에 이르러 RSS는 '스크랩'과 '이웃' 기능으로 보기 좋고 이해하기 쉽게 재탄생했다. '퍼가기'로도 알려져 있는 스크랩 기능과 이웃의 개념은 다들 잘 알고 있을 것이다. 이 기능의 최대 특이점이라면 '네이버끼리'에 있다. 네이버 블로그끼리만 스크랩과 이웃을 할 수 있지 다른 블로그에는 써먹을 수 없다는 것이다. 결과적으로 이 기능들은 네이버 가두리 양식 생태계를 공고히 하는 요소로 활용되었다.

네이버의 스크랩 기능은 과거 RSS와 이에 연계한 '트랙백'를 통해 세상 모든 블로거들이 소통하고 적극적으로 의견을 주고받았던 것을 네이버 블로거끼리만 손쉽게 '전체 콘텐츠'를 퍼갈 수 있게 만들어버렸다. 거기에는 어떠한 추가 담론도 2차 버즈(buzz)도 없다.📭

이웃은 어떤가? 당시 싸이월드에 익숙했던 온라인 유저들에게 일촌 혹은 친구의 개념으로 쉽게 인식되었다. 이 또한 네이버 블로거끼리만 맺을 수 있는 기능이다.

네이버가 시장의 절대적 사업자가 되었다는 것은 결과적으로 악재였

JJamBong.com 물론 네이버에도 기본적인 RSS 기능은 있다만, 누가 관심이나 있는가?

다. 대한민국의 대다수를 차지하는 네이버 블로거들은 그들만의 리그에 갇히게 되었고 그와 연계한 블로고스피어는 서서히 무너져 내리게 되었다.

3. 일 방문자와 시즈널/이슈 포스팅의 함정

예나 지금이나 핫한 이슈인 '방문자 몇 명'이라는 수치는 실제로도 여전히 주요하게 쓰이는 지표다. 다만 이 방문자에도 숨겨진 진실이 있다. 그 배경에는 또 네이버가 있다. 네이버 블로그는 누구나 손쉽게 개설하고 운영할 수 있다. 티스토리처럼 기존 블로거의 '초대장(일종의 추천)'이 없으면 블로그를 개설할 수 없거나, 브런치처럼 일종의 테스트를 거치거나, 시작부터가 문제인 설치형 블로그와는 분명한 차이점이다. '누구나 손쉽게'라는 장점이 대한민국의 2천만 블로거 시대를 가능케 했지만 분명한 목적이나 의지 없이도 블로거가 될 수 있는 환경을 만들기도 했다.

문제는 블로거를 바라보는 기준이 여전히 '일 방문자(UV)'에 있다는 것이다.

과거의 많은 UV는 특정 주제의 전문가 혹은 인플루언서들의 '성과'였다. 그런데 더 큰 UV를 만들어낼 수 있는 방법이 생겼다. 네이버 알고리즘 내에서는 더더욱. 실제로 블로그를 운영하는 데 있어 일일 UV를 1~2

만 정도 창출해내는 일은 '파워블로그 노하우'까지 가지 않아도 조금만 노력하면 누구나 다 가능하다.

어떻게?

매일매일 그날의 이슈를 ctrl + c 해서 말만 조금 바꿔 포스팅하라.

연예인 가십거리, 사건사고, 재밌는 이야기, 감동적인 이야기, 야한 이야기, 스포츠 등 소스야 많다.

또 있다.

잘 나가는 페이지, 블로그, 커뮤니티, 사이트의 이슈 포스트를 적절히 퍼 담아도 된다.

그럴 리가 없다고?

이것이 바로 네이버 '시즈널/이슈 포스팅의 함정'이다. 이런 상황에서 UV만으로 블로거의 영향력을 제대로 판단할 수 있을까?💬

4. 문제는 '주제별 페이지뷰'다

이렇게 발생된 UV는 해당 블로거의 영향력과 아무런 관련이 없다. 특정 주제나 사안별 전문성을 말해주지도 않는다. 부지런함 정도의 지표랄까? UV와 관련한 이런 하릴없는 논쟁을 피하고 블로거의 영향력과

JJamBong.com 실제로 네이버 블로거 사이에는 방문자를 허수로 부스팅해주는 일종의 해킹프로그램이 공공연히 공유되기도 한다

전문성을 측정할 수 있는 기준은 사실 간단하다.

블로거가 표방하는 '주제별 페이지뷰 값'을 구해보면 된다. 이는 해당 사안에 대한 실질적인 영향력을 비교적 손쉽고 적확하게 파악할 수 있는 방법이다. 물론 여기에도 문제는 있다. 네이버 블로그에서는 이 주제별 페이지뷰를 뽑아내는 것 자체가 지난한 작업이라는 것이다. 이는 태생적으로 폐쇄적이고 한정적 기능의 블로그를 제공하는 네이버의 구조적 문제에서 기인한다. 그렇다면 어떻게 해야 할까? 이 이야기는 〈실제 영향력 있는 파워블로거 선정 기준〉 편에서 좀 더 자세히 다루도록 하겠다.

어쨌든 'UV가 몇이니 파워블로거다'라고 이야기하는 것은 매우 무책임하다는 것이다.

5. '블로그로 돈 벌어먹기'는 쉽지 않다

파워블로거가 되면 어마어마한 부와 명예를 거머쥘 수 있을 거라고 생각하는 사람이 있을지도 모르겠다. '블로그로 돈을 벌고 싶다'거나 '그렇게 해서 돈 좀 벌겠지, 블로거지 같으니'와 같은 이야기도 흔히 볼 수 있다. 실제 블로거이자 파워블로거를 활용하는 입장으로서 얘기하건대 전업 블로거가 되어 돈 벌어먹고 살기를 바라느니 지금 하는 일을 열심히 하시라.

일정 규모 이상의 실적(혹은 수익)을 거두고 있는 블로거가 우리나라에서 얼마나 될까? 네임드 캐릭터라 해도 블로거의 순수한 가치(?)를 따지는 우리나라의 분위기에선 수익을 추구하기가 쉽지 않다. 물론 이를 초월하고 '전업 블로거'로 활동하는 분도 있다. 부가활동을 포함해 꽤 많이 버는 이들도 있다. 하지만 대부분은 리뷰로 돈푼 받거나 간간히 샘플을 챙기는 수준이다. 그들이 들이는 노오오오력에 비해 보상이 너무 가상한 수준이라는 것이 문제라면 문제겠다. 결론적으로 '블로거질로 생계 꾸려나가기는 무지막지하게 쉽지 않다'고 보는 게 맞다.

6. 그럼에도 불구하고 블로그를 하는 이유

블로그는 하나의 생태계다. 이는 페이스북, 트위터 등 사업자(?)의 주체가 명확한 SNS와 차별화되는 요소이다. 말하자면, 주커버그님이 출근길에 '페이스북은 옳지 않은 서비스다'라고 하면 페이스북은 끝이다. 블로그는? 네이버 사장님, 회장님이 서비스 중지를 결단해도 상관없다. 네이버 블로그든 다음 블로그든 티스토리든 워드프레스든 뭐든 RSS를 중심으로 한 생태계이기 때문이다.

왜 블로그를 하는가?
바로 이 점이 블로그를 선택하는 가장 큰 이유다. 블로그는 제3차 세계대전이라도 일어나지 않는 한 끝까지 간다. 소셜미디어의 부흥과 함께 이를 집약할 수 있는 최적화된 채널이자 유일하게 검색 포털을 완벽히 커버하는 SNS이기 때문이다.

결론 아닌 결론을 내보자면, 네이버의 '공과'는 명확하다. 그리고 좋든 싫든 그들의 영향력은 절대적이며 부침이 심한 IT업계에서 이례적으로 짧은 미래 안에서는 딱히 변하지도 않을 것으로 예상된다(카카오가 어떻게 하느냐에 따라 균열이 보이긴 한다만 영민한 네이버는 참 '잘한다'). 네이버를 빼고는 블로그에 대해 이야기할 수 없다.

그러니까 연장선상에서
나는
네이버를 사랑합니다. 💬

네이버 '저품질 블로그' 탈출법은 없다

네이버와 관련한 마케터, 커뮤니케이터들의 가장 큰 고민은 아마도 '검색 노출'로 귀결되지 않을까 싶다.

2015년 5월 기준 네이버의 모바일 검색 쿼리(Query) 점유율은 73%다(by 닐슨코리안클릭).

운영 형태나 방식에 따라 다르겠지만 블로그나 홈페이지 유입의 반 이상은 포털 사이트 검색 노출에서 발생한다. 그중 절반 이상은 (적어도 한국어 페이지의 경우) m.search.naver.com, search.naver.com과 같이 네이버를 통한 유입이다. 이런 상황에서 네이버 검색 노출을 무시하거나 제외하고 정상적인 운영을 기대하는 것은 현실적으로 불가능에 가깝다.

그러나 네이버의 검색 알고리즘은 매우 '가변적'이고 어떤 측면에서

JJamBong.com 물론 가능할 수도 있긴 하다. 현재 내가 운영 중인 http://JJamBong.com의 네이버 유입률은 3% 이하이다

는 '비정상적'이기까지 하다. 네이버발 휘두르기의 대표적인 방법은 '저품질 블로그'로 요약된다. 이에 대한 탈출 방법이나 SEO, 상위 노출단의 방법론이 공론화되고 있기는 하지만, 아직은 확인되지 않았거나 무책임한 담론이 대다수다. 저품질 블로그와 관련해 마케터, 커뮤니케이터들은 어떤 대책을 세워야 할까?

1. 네이버 저품질 블로그 판별법

먼저, 저품질 블로그란 무엇인가.

이 명칭은 유례부터 애매하다. 왜냐하면 네이버는 단 한 번도 이를 공식적으로 언급한 바가 없기 때문이다.█ 다만, 2012년 11월 '리브라(Libra) 검색 알고리즘 발표'에서 '저품질의 문서를 생산하는 블로그'를 우회적으로 지적한 적은 있다. 이 발표에서 네이버는 '좋은 정보를 생산해내는 블로그와 신뢰할 수 없는 저품질의 문서를 생산하는 블로그를 구별해 랭킹 로직에 반영하겠다'고 말했다. 여기서 '반영'이란 검색 노출 제한으로 정리해 볼 수 있다. 쉽게 말해 노출시키지 않거나 상위 노출을 제한하겠다는 것이다. 그동안 '이슈 차용(일종의 실시간 검색어 활용)을 통해 상위 노출에 맹목적으로 집중한 블로깅'을 했던 일단의 블

JJamBong.com 최근 자사 블로그를 통한 해명에서도 이에 대한 언급은 모호하게 처리된다

로거 사이에서 이 이슈가 유독 흥했던 이유가 여기 있다 하겠다.💬

저품질 블로그를 판별하는 방법에는 몇 가지가 있지만 기본적으로 상시적인 페이지 모니터링을 통한 방문자, 페이지뷰, 유입 출처의 '극적인 변화'로 유추할 수 있다. 더불어 주요 포스트의 경우 네이버에서 검색 노출이 잘 이루어지는지 지속적으로 점검해야 한다. 포스팅 후 일정 시간이 지났음에도 불구하고 아예 검색 노출이 되지 않거나 노출 순위가 극적으로 변화한다면 저품질 블로그를 의심해 볼 수 있다.

이런 변화가 감지되었다면 구글 에널리틱스나 각 페이지에서 제공하는 로그 값 등을 통해 실질적인 변화와 그 폭을 확인해 봐야 한다. 이때 다른 검색 포털에서 일반적으로 사용되는 'site:페이지URL(검색 포털에서 로봇이 긁어간 페이지를 확인해주는 명령어)' 따위의 방법론은 네이버에선 살포시 무시하는 것이 정신건강에 이롭다.

2. 저품질 블로그에서 탈출하는 방법은 없다

그렇다. 탈출 방법은 없다. 차라리 '네이버에 덜 휘둘리는 법'을 고민하는 것이 현명하다.

JJamBong.com 말하자면, 자신만의 전문성, 이야기에 기반을 둔 블로그를 운영 중이라면 이런 이슈를 아마 인지조차 못할 것이다. 네이버 검색로직상, 그렇게 안 해도 해당되는 경우가 왕왕 있다는 게 문제라면 문제지만(…)

네이버는 검색'엔진'이 아닐 수도 있다. 개인적으로 나는 그렇게 생각한다.💬

1) 현시점의 탈출법은 효과가 없다

지금 당장 네이버나 구글에서 저품질 블로그를 검색해보라. 수많은 해결책들을 찾을 수 있을 것이다. 글을 비공개하라거나 삭제하라거나 그러면 안 된다거나 무엇무엇을 수정하라거나 등등. 나도 기업 블로그를 운영하며 겪어봤지만 이런 일들이 벌어졌을 때의 기분이란…… 그러나 현재로서는 정확히 검증된 방법이 없다. 오히려 개인적인 상황을 호도하는 경우가 대다수다.

저품질 블로그에 적용된 것으로 판단된다면 해야 할 일은 하나다.

빠른 후회와 인정.

부연하지만 네이버의 검색로직은 대단히 가변적이고 비정상적이다. 저품질 블로그의 적용 방식이나 형태 역시 마찬가지. 데이터에 기초한 혹은 합리적인 방법을 고민하는 것은 지난한 이야기다. 현실을 빨리 받아들이는 게 여러모로 이득이다.

2) SEO와 관련한 비법들은 참고만 해라

SEO와 관련한 다양한 비법이나 신박한 재주 따위를 본 적 있을 테

JJamBong.com 포기하면 편하다

다. 관련 담당자라면 블로그나 페이지를 운영하는 데 있어 상위 노출과 관련된 노하우를 무시해서도 안 되지만 이를 맹목적으로 맹신해서도 안 된다.

그보다 이 방법론들의 지향점을 다시 한 번 더 기억하도록 하자.

<u>필요한 정보를</u>
<u>필요한 시점에</u>
<u>필요한 사람에게</u>
<u>필요한 장소에서</u>
<u>적확히 전달하는 것.</u>

3) 수단과 방법을 모두 동원해라

자, 현실을 받아들였다면 이제 무엇을 해야 할까?

특히 기업/기관 담당자에게 '방법이 없습니다'라는 말은 죽어도 못 하겠다. 가능한 수단과 방법을 모두 동원해 이 상황을 해결하려고 노력해보는 수밖에 없지 않겠느냔 말이다.

물론 이런 방법들이 효과를 발휘할 가능성은 매우 낮다. 현재 네이버는 CS 기능 자체를 아예 없애버렸다. 모든 고객 서비스는 자동화되어 있으며 추가적인 담론은 지식인을 이용하도록 유도하고 있다. 최근 네이버 '웹마스터도구'를 발표하고 검색 노출과 관련한 일원화된 서비스를 제공

하려고 노력하고 있긴 하지만, 이러한 시도가 유저들에게 이전보다 나은 경험을 제공하고 있을까?💬

이에 따라 기업 차원의 연결 포인트가 있다거나 사업적 이해관계가 있다면 가능한 모든 수단을 동원해 공식적으로 이의를 제기하는 수밖에 없다.💬 필요하다면 계정을 다시 만들어 새롭게 시작하는 것 또한 고려할 수 있는 수단과 방법이다. 한 번 저품질 블로그에 걸렸다면 언제 다시 극복될지는 네이버 얘네도 잘 모른다.💬

4) 건강한 유입 출처를 바탕으로 장기적인 운영을 고민하라

이러한 상황에서 저품질 블로그에 해당된 후나 그 이전 시점에서 가장 확실한 방법은 '유입 출처의 다변화'다. 이는 저품질 블로그와 관련한 사실상 유일한 해결책이다. 말하자면 네이버 의존도를 낮추고 다양한 유입 값을 만들어내는 것. 지속적으로 네이버 외의 검색 포털, 소셜미디어, 큐레이션 서비스 등 활용 가능한 콘텐츠 배포와 노출-유입 방법을 고민하고 적용해야 한다.

이 방식은 장기적으로 안정적인 페이지를 만들고 Owned Media로서의 블로그를 운용하는 데 가장 효과적이다. 2012년경부터 체질 개선

JJamBong.com 나는 부정적으로 본다
JJamBong.com 이런 이야기를 하고 있는 저도 답답합니다만
JJamBong.com 네이버 파워블로거 배지를 받았다면 2014년까지는 비교적 빠르게 복구됐다는 글이 있긴 하다. 가능한 이야기다

을 위해 노력한 한 기업 블로그는 저품질 블로그에 해당됐음에도 유입 값이 약 30% 정도만 하락했다.

만약 네이버 의존도가 높았다면 어떻게 됐을까? 80~90% 정도의 방문자가 빠지게 될 것이다.

5) 결국 블로그는 양질의 콘텐츠와 함께 영향력을 만들어내는 과정이다

다시 한 번 강조하지만 소셜커뮤니케이션은 결국 효과적 운영을 통해 영향력을 만들어나가는 과정이다. 지속적인 운영 속에서 양질의 콘텐츠에 대한 고민은 저품질 블로그나 다른 어떠한 이슈에도 흔들림 없는 페이지를 가능케 한다.

특히 해당 페이지가 표방하는 주제(Theme)에 따른 영향력, 즉 단순한 양적 기반이 아닌 실질적인 파급력은 궁극적으로 블로그를 포함한 SNS를 운용하는 이유와도 맞닿아 있다. 실질적으로 의미 있는 유입은 무분별한 키워드 후킹에 의한 검색 노출이 아니라, 정확한 타깃팅에서 발생한다. 기업/기관이든 개인이든 지향점은 이곳을 향해야 한다. 이것이 궁극적으로 네이버에 덜 휘둘리는 방법이다.

실제 영향력 있는 파워블로거 선정 기준

> 파워블로거,
>
> 이제는 우리 어머니도 아는 고유명사가 되었다.
>
> 하지만 이 일종의 지위(?)를 구분하는 기준은 업계든 일반인이든 아직도 모호해 보인다.
>
> 영향력 있는 블로그는 어떻게 선정해야 할까?

"파워블로그, 파워블로거의 기준은 뭘까요?"

개인 SNS에서 일반 유저, 광고홍보학과에 재학 중인 대학생 그리고 디지털/소셜미디어 관련 실무자를 대상으로 질문했다. 총 65건의 구체적인 의견을 취합할 수 있었다. 많은 답변 순대로 정리해 보면 아래와 같다.

파워블로거란

첫 번째, 특정 분야에 자신만의 콘텐츠를 올리는 블로거

두 번째, 특정 분야에 올리는 콘텐츠가 영향력을 갖고 있는 블로거

세 번째, 이웃 수, 방문자 수 등이 일정 수준 이상인 블로거

네 번째, 꾸준하게 활동하는 블로거

'자신의 색깔', '의견', '특정 분야에 나름의 전문적 지식', '특정 주제에 일관되게', '전문적인 글' 등 첫 번째 관련 답변이 가장 많았다. 세 번째 답변과 관련해서는 다양한 의견이 혼재했다.

즉, 파워블로거란 자신만의 콘텐츠/영향력/꾸준함 정도의 키워드로 정리해 볼 수 있을 듯하다. 하지만 이는 매우 주관적인 단어들로서 이에 대한 합리적인 접근법이 필요해 보인다.

1. 파워블로거 관련 어워드의 선정 기준

개인적으로 블로그, SNS 어워드의 심사위원을 한 경험이 있다. 그들은 어떤 기준으로 '배지'를 수여할까?

1) 네이버 파워블로그█

· '활동 지수 분석', '파워블로그 선정 위원회 평가', '본인 서약'의 세

가지 단계

JJamBong.com 해당 어워드는 2016년 현재 진행이 중단되었다

- '활동 지수 분석'에서는 블로그의 활동성과 인기도, 포스트의 주목도와 인기도를 평가한다. 다만 한정되고 통제된 데이터만 제공하는 서비스라는 점을 감안했을 때 비교적 명확한 지표가 근거가 되지만 주최사의 의중을 가늠할 수 없다는 측면 또한 있다.
- '선정 위원회 평가'에서는 내용의 충실성, 소통의 노력, 활동의 신뢰성 등을 심사한다.
- 재미있는 점은 '본인 서약'에 저작권과 광고&영업 행위에 대한 서약이 포함되어 있다는 것이다.

2) 티스토리 우수블로그

- 우수블로거는 일 년에 한 번 각 블로그의 포스팅, 댓글과 같은 활동성 및 다른 블로거와의 소통성 등등 내부 평가 기준으로 심사하여 발표한다.
- 그 외 기준은 없다. 매우 음험하지만 국내 블로거 배지 중 가장 공신력이 높지 않을까?

3) 대한민국 블로그 어워드

- '정량 평가', '온라인 투표', '심사위원 평가'의 세 가지 단계
- 심사위원단은 학계, 산업계 등 각 전문가 10명 내외로 구성한다.
- 접수기간 내 참여작에 한해 평가를 진행한다.

· 대표적인 어워드지만 제출된 데이터 외의 객관적 '정량 평가'를 담보할 수 없으며, '온라인 투표'의 경우 여러 가지 부정적 가능성이 예상된다.

2. '실제 영향력 있는 파워블로그' 선정의 고려 요소

지금까지 살펴본 내용과 그동안의 고민을 더해 '영향력 있는 블로그를 선정하는 요소'에 대해 정리해 보자. 여기서 말하는 선정 요소는 관념상의 '파워'가 아닌, 실질적 활용단의 '기준'이다. 특히 저마다 공개하는 지표가 제각각인 국내 블로그, 서비스 사정을 고려해 가능한 한 객관적인 지표를 적용했다.

1) 전문성

가장 먼저 짚고 넘어가야 하는 부분이다. 여기서 말하는 전문성은 특정 분야를 카테고라이징하는 절대적 기준을 뜻한다. 예를 들어 요리 블로거와 의학 블로거를 동일선상에서 비교할 수는 없는 것이다. 이에 따라 블로거를 활용하거나 블로거를 평가할 때 먼저 전문성에 따른 구분을 전제해야 한다. 이를 통해 인기 카테고리 블로거와 전문 영역 블로거의 괴리를 상쇄할 수 있다. 더불어 동일 카테고리 내에서 평가 작업을 추가 진행한다. 대표하는 전문 영역의 콘텐츠 수와 포스트의 퀄리티 등 양적·질적 지표가 여기에 해당한다.

2) 전파성

1차적으로 '전문성'에 의해 구분된 카테고리 안에서 '전파성'을 비교해야 한다. 기본적으로 방문자 수와 RSS 수(네이버의 경우 이웃 수)를 평가한다. 다만, 방문자 수 등을 공개하지 않는 블로그의 경우 이를 대체하는 점수 배분방식을 고민해야 한다.

3) 소통성

쉽게 간과되곤 하지만 블로그가 소셜미디어, 1인 미디어 그리고 하나의 채널로 기능하는 데에 있어 '소통성'은 매우 중요한 요소다. 여기에는 댓글, 메타블로그&각종 소셜플러그인 등의 지수가 포함된다. 메타블로그&각종 소셜플러그인 지표의 경우 전파성에 수렴하면 된다고 볼 수도 있다. 하지만 전파되는 형식이나 그 결과를 일원화하기 어렵기 때문에 일반적 콘텐츠 유입과는 다른 가중치를 부여하는 것이 보다 객관적이라고 생각한다. 각 지표는 일정 포스트의 평균값으로 설정한다. 방문자 등을 확인할 수 없어 '전파성' 평가가 어려운 경우 '소통성'의 값을 활용해 연계 평가할 수 있다.

4) 콘텐츠 작성 능력

전파성, 소통성과는 별개로 실질적인 콘텐츠 작성 능력도 주요 고려사항이다. 블로거를 필진으로 활용할 때는 물론이지만, 전달하고자 하는 메시지를 효과적으로 콘텐츠화하는 능력은 매우 중요하다. 다만 조사자의 주관적 판단이 많이 개입될 수 있는 만큼 적당한 기준을 설정해두는 것이 좋다. 이때 문단 구성, 스토리텔링, 메시지 전달, 멀티미디어 파일 활용, 저작권 준수 등을 고려해 볼 수 있다.

5) 기타

전체 카테고리 외에 추가적인 가산 요소를 설정한다. '인증 배지 수여 여부', '전문 영역 책, 강연, 기타 활동 등의 여부' 등이 여기에 해당된다. 인증 배지의 경우에는 주요 포털이나 어워드에서 수상하는 것이 정상 가산 요소이다. 무슨무슨 마케터라든지 홍보 블로그는 제외한다.

지금까지 설명한 '선정의 고려 요소'를 바탕으로 간단하게 기준표를 만들어 보았다. 이는 실제로 실무단에서 활용되고 있는 기준표이기도 하다. 다만 상황에 따라 수치나 배점은 다르게 적용하는 것이 좋겠다.

		전문성	전파성	소통성	콘텐츠 작성 능력	기타
기준	적절하게 카테고라이징	관련 콘텐츠 20개당 1점 가산 (최대 5점)	방문자 수 500명당 2점 (최대 10점)	콘텐츠 평균 댓글 5개당 1점 (최대 5점)	문단 구성, 스토리텔링, 메시지 전달, 멀티미디어 파일 활용, 저작권 준수 (항목당 최대 2점)	주요 포털 사이트, 어워드 인증 배지 수여 여부 (최대 5점)
		전문성 측면에서 퀄리티 (최대 5점)	RSS(이웃) 50명당 2점 (최대 10점)	콘텐츠 평균 메타블로그&소셜 플러그인 10개당 1점 (최대 5점)		전문 영역 책, 강연, 기타 활동 등의 여부 (최대 5점)
비고			방문자 수, RSS 공개되지 않을 경우 표시			

··· 참고용 파워블로거 선정 기준표 ···

메타블로그의 종말과 블로고스피어 대처법

2014년 '다음뷰(Daum View)'에 이어 '믹시(mixsh)'가 서비스를 종료했다.
블로그의 첨병으로 활약한 '메타블로그(metablog)'의 종말을 전하는 소식이었다.

　블로그는 RSS라는 기술을 바탕으로 생태계를 구현한다. 이 생태계를
이끄는 구성원 중 하나는 바로 메타블로그다. 메타블로그는 일종의 블
로그 커뮤니티, 블로그 포털 정도로 이해하면 된다. 즉, 블로거들이 자
신의 블로그를 바탕으로 담론을 형성하고 서로의 소식을 나누는 공간
인 것이다.🗨 그 자체로 생태계를 순환시키는 순기능이자 포털 사이트
와 함께 블로그 방문자&트래픽 유입의 주된 축이기도 했던 메타블로
그의 대표적 서비스가 모두 종료를 선언해버렸다.

JJamBong.com 같은 기능으로 네이버에는 '이웃'과 '블로그 홈'이 있다

1. 메타블로그의 예견된 종말

핫하고 전도유망했던 국내 메타블로그 서비스. 왜 줄줄이 중단을 선언했을까? 이는 어느 정도 예견되었다고 볼 수 있다. 네이버 공룡의 생태계 장악이 1차 위기였고 SNS의 등장이 결정타였다.

메타블로그의 기능 및 역할은 검색 포털에 이어 SNS와 중복된다. 인터넷 세상의 정보를 발견하는 곳은 '검색 포털'이고 소식을 나누는 곳은 'SNS' 아니던가. 이런 흐름을 메타블로그는 이겨내지 못했다. 블로그 유입에서 '다음뷰'를 제외하면 영향력을 거의 상실했고 담론 역시 SNS를 중심으로 발생하는 상황이 고착된 것. 여기서 메타블로그가 가져갈 수 있는 돌파구는 크지 않았다. 거기에다 소셜미디어 채널들의 통합 운영 패러다임은 네이버와 같은 가두리 시스템이 아닌 이상 블로그만 가져가는 '메타블로그'에게 결정적인 한계가 되었다.

2. 메타블로그 종료, 블로그의 위기일까?

이쯤 되면 떠오르는 궁금증 하나, 메타블로그가 종언을 고하고 있다는 것은 블로그 채널이 약화되었다는 의미 아닌가?
역은 맞지만 순치의 논리로는 틀리다.

블로그 채널 약화 → 메타블로그 쇠퇴	(그러하다)
메타블로그 약화 → 블로그 쇠퇴	(아닐 걸)

단순히 메타블로그가 갖고 있던 역할을 다른 미디어가 가져갔을 뿐이란 것이다. 물론 메타블로그 서비스가 종료되면 블로그들에게 영향을 주는 것은 당연하다. 특히 건강한 유입 출처, 즉 다양한 유입을 통해 특정 유입■ 의존도를 줄이고 리스크를 분산시키는 측면에서 더욱 그렇다.

우린 어떻게 해야 할까?

3. 메타블로그 운영 종료에 따른 블로그 운영 대처법

1) 유기적이고 효율적인 SNS 통합 운영

가장 중요한 열쇠는 SNS에 있다 해도 과언이 아니다. 다양한 소셜미디어 채널의 활용과 연계한 블로그 콘텐츠 노출 및 연동이 답이 될 수 있다. 물론 현재까지 블로그 유입에 유의미한 SNS는 페이스북, 트위터 정도라는 것이 한계라면 한계겠지만…… 현시점에서 다양한 SNS와 연계해 상세한 정보를 갖고 있는 블로그로 유입을 고민하는 것이 가장 확실한 해결책이다.

JJamBong.com 이를테면 '네이버 검색 유입과 같은 것 말이다

2) 포털 사이트 SEO 알고리즘의 이해와 콘텐츠 강화

2014년 구글의 허밍버드에 이어 네이버 역시 지속적인 검색엔진 알고리즘을 개발하고 있다. 이에 대한 적확한 이해 및 연계된 콘텐츠 작성 그리고 블로그 운영이 필요하다.

다시 말하지만 결국은 '가치 있는 콘텐츠'를 만들어내는 과정이다. 진정성 있는 콘텐츠를 만들고 이에 집중하는 것이 중요하다. 다른 잔꾀는 콘텐츠 그 자체를 압도할 수 없다.

3) 브랜드 저널리즘, 궁극적으로 영향력에 대한 고민

어렵고 지난한 이야기일 수 있지만 진정성 있는 콘텐츠와 함께 블로그의 근본적인 의미를 되새기는 작업이기도 하다. 블로그 스스로 담론을 형성하는 미디어로 기능하는 것 그리고 기업이나 브랜드가 표방하는 주제에 관한 다양한 시각과 필자의 이야기를 담아 자발적으로 찾게 되는 페이지를 만들어나가야 한다. 영향력 있는 페이지, 그게 답이다.

4) 대체 서비스의 활용과 블로거들과의 지속적인 연계

메타블로그는 종료되지만 각 블로그 서비스마다 자체적으로 제공하는 노출 기능은 여전히 유효하다. 네이버에는 이웃과 블로그 홈이 여전히 활발하게 서비스되고 있다. 특히 최근의 '포스트' 서비스를 눈여겨볼 필요가 있다.🔲 티스토리에는 '공감'을 통해 메인 페이지에 노출되는 시스템이 있다. 최근에는 카카오 연계를 통해 카카오톡의 해시태그 검색 가능성도 매우 높아졌다.

이와 함께 단순 노출 목표가 아닌 블로거들과 블로거로서 지속적으로 관계를 맺어나가야 함은 물론이다. 이는 지속적으로 담론을 형성하고 인터렉션을 만들어내는 주요한 요소가 된다.

5) 소셜 큐레이션 서비스 활용

흥하는 소셜 큐레이션 서비스를 활용하는 것도 유효한 방식이다. vingle 같은 서비스는 최근 들어 많이 이용되고 있다. 네이버의 '오픈캐스트' 역시 메인 노출과 연계해 여전히 유효하다. 또 ppss, slownews같이 최근 큰 관심을 끌고 있는 큐레이션 미디어에 필진으로 참여하는 방식도 있다. 페이스북의 다양한 페이지에 자신의 콘텐츠를 노출시키는 방식도 시도해볼 수 있다.

6) 광고/이벤트 연계

마지막으로 활용 가능한 자원을 통해 광고나 이벤트를 활용해볼 수 있다. 페이스북, 트위터의 소셜 광고와 연계한 콘텐츠 배포는 유의미하다. 이벤트 등을 통해 블로그 내부 활성화와 외부에서의 유입을 고민할

JJamBong.com 네이버 파워블로거는 종료되지만, 포스트는 '스타 에디터'를 선발한다고 공지하고 있다. 상징적인 뉴스다

필요도 있다. 이는 개인의 경우에도 활용 가능하다. 예를 들어 티스토리 같은 경우 초대장을 이벤트로 건다거나 블로그를 참고해야 하는 이벤트, 콘텐츠를 SNS에 연계해 발행하는 활동들이 그러하다.

가입형 VS 설치형,
워드프레스 블로그 운영 시 고려할 점

:

> "그래도 네이버 블로그가 낫지 않아요?"
>
> 기업/기관 담당자가 자주 하는 질문이다.
> 어떻게 생각하는가?

세상에는 블로그 서비스가 많이 있지만, 적어도 우리나라에서는 네이버 블로그가 선택지의 상단을 차지한다. 그리고 '방문자 수' 부분에서 네이버 블로그가 우위에 있다고 말하는 분도 많다.

딴 얘기지만 디지털/온라인 관련 업무를 하면서 우리가 알아야 할 혹은 관여해야 할 범위는 어디까지일까? 일례로 설치형 블로그인 '워드프레스(Wordpress)'에 대한 관여도가 그러하다. 물론 블로그 운영, 콘텐츠, SEO단의 이야기는 논외지만, 개발단으로 접근하면 커뮤니케이터와 개발자의 영역이 참으로 애매해진다.

가입형 블로그
혹은 설치형 블로그,
어떤 블로그가 나을까?

1. 가입형 블로그 VS 설치형 블로그

앞서 말한 '워드프레스'는 네이버 블로그, 다음 블로그, 티스토리 블로그 등과 마찬가지로 블로그 툴 중 하나다. CMS, 즉 Contents Management System의 하나인 것. 이때 네이버나 다음은 '가입형 블로그', 티스토리는 일종의 '중간 형태 블로그' 그리고 워드프레스는 '설치형 블로그'로 각각 구분할 수 있다.

어떤 블로그를 선택하느냐에 앞서 가입형과 설치형 블로그에 대한 이해가 필요하다.

1) 가입형

· 쉽고 간단하다.
· 가입만 해도 어느 정도 형태의 페이지가 주어진다.

- 자유도가 떨어지고 유지, 운영, 정교화 등에 필요한 정보, 여지가 한정적이다. 대체적으로 주어진 대로 운영하기에 적합하다.
- 우리나라의 수많은 블로거는 가입형 블로그인 네이버 소속이다. 즉, 유저들에게 상대적으로 익숙한 UI인 것이다. 이에 따라 일반적으로 3050세대 타깃팅, 소비재 분야 등의 경우 네이버 블로그가 유리할 수 있다.

2) 설치형

- 복잡하다.
- 가입만 해서는 아무것도 없다. 도메인과 서버 호스팅, 즉 블로그 주소(url)부터 내가 쓴 글, 이미지, 영상 등을 저장하는 공간에 이르기까지 스스로 구비해야 한다. 물론 여기에는 돈이 든다.
- 마음대로 만들 수 있다. 정교화된 데이터와 운영이 가능하다. 하지만 운영이 그리 쉽지만은 않다.
- 자유도를 중시하거나 변화에 민감한 타깃을 대상으로 하는 브랜드의 경우 설치형을 고려하는 것이 좋다.

그렇다면 우리는 어떤 블로그를 선택해야할까? 장단점을 면밀히 분석하고 최적화된 툴을 선택해야 한다. 다만, 방문자 수에서 '네이버가 우위라거나, 네이버 검색엔진을 무시할 수 없다'며 무조건적으로 가입형 블로그를 선택하는 것에는 신중했으면 한다. 기업, 기관, 브랜드의 타깃과 페이지 목적, 구현 형태에 따라 선택하는 채널은 달라져야 한다. 더 군다나 네이버 블로그의 경우, 절대적으로 네이버에 의존할 수밖에 없다!

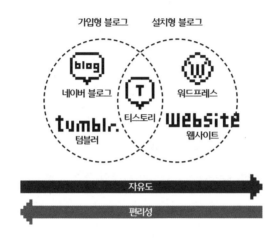

2. 설치형 중에서도 왜 워드프레스인가?

'가입형 블로그'는 자세히 이야기하지 않아도 될 것 같다. 그들의 채널 운영 가이드라인만 봐도 쉽게 운영할 수 있기 때문이다.

그보다 설치형 블로그에 대해서 좀 더 살펴보자. 설치 형태의 블로그 에는 제로보드, 그누보드, 워드프레스 등이 있다. 그중에서도 우리가 살 펴보려는 워드프레스는 전 세계 7,300만 개 이상의 웹사이트가 활용 하고 있다. 이는 활성화된 웹사이트의 20%, 웹 기반 CMS 시장의 50% 이상이다. 우리나라도 2011년을 전후해 활용 폭이 늘어나기 시작했고 2013년을 기점으로 삼성, KT 등의 기업과 서울시 등의 기관이 워드프레스에 새로이 둥지를 틀었다. 이유가 뭘까?

1) 자율성이 높다

블로그 측면에서 워드프레스의 최대 장점은 가입형이나 중간 형태에 비해 자율성이 매우 높다는 것이다. 구축, 운영, 활용, 분석 등을 운영자 마음대로 할 수 있다. 이는 반대로 '어렵다'의 주된 근거가 되기도 하지만.💬

2) 구축비용이 상대적으로 저렴하다

워드프레스는 오픈소스에 기초한 다양한 애플리케이션, 플러그인을 통해 사용자가 원하는 대로 페이지를 구축할 수 있다. 사실상 1등 서비스인 만큼 여타 설치형 블로그와 대비할 때 저렴한 구축이 가능하다. 더불어 단순 블로그가 아닌 '사이트' 측면에서 살펴볼 때, 블로그 하나만으로 별도의 사이트가 필요 없도록 만들 수도 있다. 하지만 가입형 블로그에 비해 개인 블로그 운영 시 커피 값 말고도 URL 구입, 호스팅비 등 쉴 새 없이 돈이 들어간다.

3) 모바일에 최적화되어 있다

워드프레스의 강점 중 하나다. 워드프레스는 모바일 반응형 웹디자인(Responsive web design)을 차용해 각종 디바이스에서 최적의 형태를 자동으로 구현한다. 모바일을 위한 사이트를 따로 구축할 필요도 없

JJamBong.com 자유에는 책임이 따른다던가(…) 하지만 그 책임은 꽤나 혹독하다.

거니와 사용자가 의도한 바를 모바일, 태블릿 등 다양한 기기에서 비교적 그대로 전할 수 있다.

4) 검색엔진에 최적화되어 있다

워드프레스는 SEO에 최적화되어 있다. 이는 별도의 코딩 없이도 포털 사이트 검색봇에 최적화된 결과물을 만들어낸다는 뜻이다. 이밖에도 llinback, Trackbacks, Blogroll을 포함해 다양한 링크와 커넥터들도 포함할 수 있다. 다만, 대한민국의 네이버로 넘어가면 헬게이트가 열린다.

5) SNS 연동, 부가기능 활용 등에 용이하다

기본적으로 워드프레스는 구축 및 운영단에서 사용자가 모든 디자인, 세팅, 구성 등을 스스로 할 수 있다.💬 이에 따라 다양한 SNS를 연동하거나 부가기능을 자유롭게 써먹을 수 있다.💬

6) 다양한 플러그인을 공짜로 사용할 수 있다

워드프레스는 오픈소스 기반이고 사용자가 많다. 그러다 보니 동급 최강의 다양한 테마, 플러그인 등이 있다. 경쟁 서비스에 비해 워드프레스에 최적화된 수많은 툴을 보유했다는 것은 분명한 장점이다.

JJamBong.com 아니, 해야만 한다
JJamBong.com 물론 웹사이트와 비교하면 곤란하지만

3. 워드프레스를 선택할 때 고민해 봐야 할 점은 무엇인가?

그럼 우리는 모두 워드프레스를 선택해야 할까?

단순한 블로깅을 원한다거나 공유·소통에 기반을 둔 채널을 고민하고 있다면 워드프레스는 논외로 두는 게 속 편하다. 많은 이들이 워드프레스의 장점은 'easy to use'라고들 하는데 이것은 '장점에 비해 그렇다'는 의미이다.

그렇다면 워드프레스를 고려할 때 어떤 점을 주의해야 할까?

1) 생각보다 비싸다

위에서 말한 부분을 고려하지 않고 접근할 경우 특히, 생각보다 돈이 많이 드는 점에 당황할 수 있다. 물론 '사이트'를 구축하는 것에 비해 저렴할 수는 있지만 기본 세팅에서 운영단, 호스팅까지 돈이 쏠쏠히 든다는 점은 감안해야 한다.

2) 운영이 쉽지 않다

정해진 대로 쓰는 가입형 블로그에 비해 당연히 운영이 쉽지 않다. 지속적인 워드프레스 자체 혹은 플러그인 업데이트에 따른 운영상의 다양한 이슈 또한 통제하기 어렵다. 어쩌다 커스터마이징이라도 복잡하게 해뒀을 경우 문제는 커진다. 쉽게 말해 기본 지식 없이 아무거나 건드렸다가는 큰일 날 수 있다는 것이고, 그 '기본 지식'이란 게 생각보다 기본

이 아니라는 것.💬

3) 한국인을 위해 최적화된 툴인지 고민해 봐야 한다

모바일 환경과 함께 많이 개선되고는 있다지만 가장 큰 문제는 여전히 포털 사이트의 절대 강자 '네이버'님이 워드프레스를 별로 좋아하지 않는다는 점이다. 제아무리 SEO에 최적화되어 있다 해도 네이버가 써 주지 않으면 우리나라에선 말 다한 거다. 더불어 운영단에서 한글화가 완벽히 지원되지 않는다는 점도 고려요소다. 각종 용어와 문구, 웹디자인은 한글화에 대한 세부적인 작업이 필수인데 이마저도 100% 한글화는 곤란한 경우가 있을 수 있다.

4) 생각만큼 완전한 자유도를 제공하지 않는다

워드프레스는 어디까지나 블로그에 최적화된 CMS이다. 따라서 완전한 자유도가 있는 사이트를 구축하고자 한다면 기능이나 디자인적 요소에서 문제가 발생할 수 있다. 그리고 2)에서 언급한 커스터마이징이 문제인데, 커스터마이징을 하면 일단 돈이 많이 들고 사후관리에도 문제가 발생할 여지가 있다.

5) 보안에 취약할 수 있다

다시 말하거니와 워드프레스는 오픈소스 기반이다. 이는 모두에게

JJamBong.com 적어도 저 같은 쌩 문돌이에게는 그렇습니다

열려 있다는 뜻이자 모두가 알고 있는 방식으로 연동된다는 뜻이므로 당연히 보안에 취약할 수 있다. 애플 ISO에 왜 바이러스가 없는가를 생각하면 답이 쉽게 나온다. 설상가상으로 워드프레스 측에서 제공하는 업데이트를 제때 해주지 않을 때에는 문제가 심각해질 수 있다.

6) 운영상의 부가적인 애로사항이 번번이 발생할 수 있다

직접 구축하고 만져가며 운영하는 블로그인 만큼 그에 따른 운영상의 문제가 빈번히 발생할 수 있다. 또한 한 번 만들면 지속적으로 업데이트되는 블로그의 특성도 이를 악화시키는 요인 중 하나다. 개발단의 서포트가 반드시 필요해지는 불편을 겪을 수 있다는 점은 꼭 참고하도록 하자.

지속적으로 척박해져가는 블로그 환경.
기업/기관은 블로그를 어떻게 바라봐야 할까?

검색포털과 소셜미디어를 커버하는 디지털 커뮤니케이션의 기본 전략에서 '블로그'는 검색포털을 커버하는 거의 유일한 기업 채널이다. 물론 파워블로거 등을 활용할 수도 있지만, 여타 SNS와는 차별화되는 블로그만의 대표성과 콘텐츠 허브로서의 기능적 강점은 자체 블로그 운영의 가치를 더욱 높이는 요소이다.

소위 트리플 미디어 전략에서도 블로그는 중심에 있다. 트리플 미디어는 광고로 대표되는 페이드미디어(Paid Media), 바이럴이나 인플루언서를 통해 얻는 언드미디어(Earned Media), 그리고 기업/기관이 소유한 온드미디어(Owned Media)로 정리된다. 이때 온드미디어에 포함되는 블로그는 기업/기관의 주요 메시지를 담아내고 전파하는 핵심 채널로 기능한다.

네이버 공식 블로그를 통한 블로그에 대한 여러가지 메시지들도 그러하지만, 주요 검색 엔진의 검색 로직 변화와 더불어, 마케터, 커뮤니케이터는 향후 블로그의 운영론에 좀 더 관심을 기울이는 게 좋겠다.

#이슈관리

CHAPTER 07

이슈 관리
혹은
위기 관리의 진화

디지털 시대 상시적 이슈 관리 대응 전략

디지털 시대가 도래하면서

이슈 관리(Issues Management)

혹은

위기 관리(Crisis Management)와 관련한 담론들도 발 빠르게 진화하고 있다. 잠깐만 생각해도 사실 이 분야의 이슈는 정말 많지 않은가.

디지털 시대 이전부터 이슈 관리와 관련한 담론은 기업/기관 담당자들의 꾸준한 관심사였다. 요즘에는 '결국 소셜미디어가 이슈 관리의 한 분야가 아니겠는가'라고 말하는 분도 있다. 이슈 관리와 관련한 방법론도 현시점에서 다양하게 논의되는 형편이다. 다만 스트래티지샐러드 정용민 대표님 언급처럼 '이를 적용하기보다 단순히 강의 한 번으로 때우는 기업이 대다수'인 것은 불편한 진실이겠다.

군이 미국 도미노피자 영상이나 국내 네네치킨 일베 콘텐츠, 밀크뮤직 소비자 비하 등의 이슈를 언급하지 않아도 최근 발생하는 기업/기관의 이슈는 다음과 같은 특질을 갖는다.

· 디지털 시대에 더더욱 두드러지고 있다.
· 결국 상시적으로 관리되어야 한다.

이에 따라 디지털 시대와 더불어 진화하고 있는 이슈 관리에 대한 전략을 고민해 보자.

1. 디지털 시대, 이슈 확산 경로의 변화

디지털 시대다.
미디어는 폭발적으로 증가했고
소비자들은 각자의 목소리를 갖게 되었으며
이슈의 속도는 따라잡기 불가능할 정도다.

커뮤니케이션 관점에서 일부 미디어와 엘리트에 의존했던 한정적 모델이 '수평적 커뮤니케이션 모델'로 진화하게 된 것이다. 과거와 같이 주요 신문이나 TV프로그램 모니터링 정도로 이슈 대응은커녕 결과 취합도 턱없이 부족한 시대이다. 갈수록 태산이다.

최근의 이슈 발생과 확산 과정을 면밀히 살펴보면 과거와는 다른 변화를 체감할 수 있다. 예를 들어 불과 십여 년 전만 해도 커뮤니케이터와 마케터들이 주말이나 밤에는 (상대적으로) 안심할 수 있었더랬다. 요즘에는? 그런 거 없다. 365일 24시간 내내 풀가동이다.

디지털 시대의 이슈는 온라인을 통해 발 빠르게 전파된다. 이때 SNS, 이슈 커뮤니티는 폭발 기제다. 후속 혹은 상세 취재 역시 SNS와 커뮤니티를 통해 실시간으로 이루어지고 있고 다변화된 미디어들 또한 신속히 움직인다. 이들은 월요일을 기다려주지 않는다. 이렇게 급격히 변화하는 움직임 속에서 디지털 흐름을 간과한 이슈 관리, 위기 관리는 근본적으로 불가능하다.

2. 기업/기관의 상시적 이슈 관리 및 위기 관리 대응 전략

그러나 많은 기업/기관들은 이슈 관리를 여전히 기사 모니터링이나 기자 관계의 영역으로 국한한다. 이런 이슈들은 온라인상의 특이사항일 뿐이며 없애버리거나 가려버릴 수 있다고 믿는 경우도 있다. 즉, 기업 주도적으로 통제가 가능하다고 믿는 담당자들이 많다는 것이다.

맥도날드 문종원 팀장님의 언급처럼, 기업들은 기본적으로 소셜미디어를 낯설어하고 오프라인을 통해 이야기를 펼쳐나가려는 속성을 버리려 하지 않기도 한다. 그러나 미디어의 변화와 유저들의 활용 행태를 고려할 때, 소비자는 이른바 주요 일간지, 검색에서 찾은 블로그 글, 페이스북에서 많은 좋아요를 받은 글, 이 중 어디에 반응할까? 아니 그보다 이를 구분해서 바라보기는 할까? 고민이 필요한 대목이다.

이슈 관리 패러다임의 변화,
우리는 어떤 전략을 고민해야 할까?

1) 디지털 측면의 내부 체계 정비

가장 먼저 디지털 시대에 걸맞은 '역량 강화'에 대해 고민해야 한다. 기존 홍보팀 혹은 위기 관리팀과 별개이거나 연계하여 디지털팀의 구성을 고민해 볼 수 있다. 여기서 디지털 측면의 업무를 명확히 규명하는 것이 중요하다.💬

동시에 기존의 이슈 대응 체계를 디지털 관점에서 재정립하는 작업이 필요하다. 이때 소셜미디어 가이드라인을 정립해 내부공중에게 전파·숙지시키고 CEO를 포함한 의사결정권자를 이 과정에 동참시켜야 한다. 물론 쉽지 않다. 하지만 디지털 시대의 많은 이슈는 내부에서 '발생'하거나 내부에서 '증폭'된다. 이는 내부공중 관리의 중요성을 다시 한 번 되돌아보게 하는 부분이다. 단, '통제'가 아닌 올바른 '활용 장려'의

JJamBong.com 기존 PR 측면의 부산물 정도로 취급할 경우 담당자가 죽어납니다

관점이어야 한다. 디지털 시대의 커뮤니케이션에서 내부 목소리는 그 어떤 출처보다 강력하고 효과적으로 기능한다.

2) 다양한 목소리에 따른 대응 메시지 강구

소셜미디어의 발달로 인해 바야흐로 1인 1미디어의 시대이다. 기업/기관에 따라 발생할 수 있는 이슈의 경우의 수도 그만큼 다양해졌다. 따라서 다양한 목소리에 따른 대응책을 강구해야 한다.

발생경로나 주체에 의한 대응 수준 및 채널을 고려하고
실질적인 메시지를 마련하며
그에 따른 체계화나 시나리오를 강구해두는 작업은 필수다.

그런데 내부의 경직된 분위기와 미디어를 바라보는 관점에 따라 다양한 목소리에 적합한 메시지를 설정하는 데 어려움을 겪는 기업들이 많다. 이런 경우 제3자의 시각에서 바라볼 수 있는 관련 전문가와 함께 발생 가능한 이슈와 이에 따른 프로세스를 검토하는 것이 좋다.

더불어 이슈 발생 시 이에 대응하는 창구와 개개 구성원의 행동지침 또한 미리 고민해둬야 한다. 1)에서 잠시 언급했던 것처럼 디지털 시대의 이슈는 내부 임직원이 중요한 역할을 하고 있고, 통제가 불가능하며, 동시다발적으로 발생하는 특징이 있다. 이에 따라 사전에 행동 매뉴얼을 마련하고 구성원들을 트레이닝하는 작업은 필수다.💬 메시지를 정립하는 태도도 주요 포인트다. 故 김대중, 노무현 대통령의 연설비서관을 지낸 강원국 대표는 '부정 여론에 대처하는 방법'에 대해 다음과 같이 말한다.

"결국은 진실함으로 승부할 수밖에 없다."

그러나 이슈가 발생한 시점에서는 불가능하다. 이슈 관리는 반드시 '상시적'으로 이루어져야 한다.

3) 다각적인 모니터링 시스템 구축

디지털 시대의 이슈는 전파과정이 다르다. 따라서 검색 포털, 소셜미디어, 이슈 커뮤니티를 커버할 수 있는 모니터링 시스템을 구축해야 한다. 이때 자사/브랜드/제품/경영진 이름, 제품 관련 이슈사항 등을 키워드화하고 이를 바탕으로 검색 포털의 뉴스, 블로그, 카페(커뮤니티), 지식인 카테고리와 주요 이슈 커뮤니티를 모니터링해야 한다. 주요 인플루언서의 경우 따로 추가해서 모니터링하는 작업도 병행하는 것이 좋다.

여기서 '문제'와 '다행'이 있다. '문제'는 '이슈를 모니터링할 만한 효율적 툴이 있는가'이다. 솔직히 말해 커버 가능한 범위, 신뢰도, 집행 비용 등을 고려하면 남는 리스트가 얼마나 될까? 결국에는 '인적' 접근이 현실적 방법인데 쉽지 않은 얘기다.

JJamBong.com 대한항공 회항 이슈만 봐도 이러한 작업의 중요성을 잘 알 수 있다

이에 반해 '다행'은 이슈가 '결국엔 돌고 돈다'는 것이겠다. 모든 출처의 목소리를 모니터링하는 것이 현실적으로 불가능하다 해도 다변화된 채널에 따라 다변화된 이용행태가 감지되므로 주요 출처를 커버하면 웬만한 내용은 모니터링이 가능하다는 점 또한 사실이다. 이때 중요한 것은 에스코토스 강함수 대표님의 언급처럼 '언론 대응이 아닌 소수의 인식이 다수화되기 전에 관리하는 것'이겠다. 언론에 뜨면 이미 늦었다.

4) 상시적 이슈 관리 측면에서의 SNS 운영

이슈 관리 측면에서 기업 SNS를 살펴보고 운영해야 한다는 점은 중요하다. 공식 계정을 지속적으로 운영함으로써 오피셜 메시지를 전달할 토대를 마련하고 우군을 양성하며 이슈를 효과적으로 취합하는 것이다. 이에 따라 발생 가능한 이슈를 사전에 고려하고 대응을 준비하며, 발생 시 공식적인 입장을 적확하게 전달하고, 그간 관계를 쌓아온 유저들의 지원을 기대할 수 있다.

특히 SNS 운영은 공식 계정을 통해 다양한 이슈를 상시적으로 취합하고 기민하게 대응하는 데 큰 효과가 있다. 말하자면 욕을 해도 우리 담벼락 안에서 하라는 것이다. 간혹 우리 페이지에 욕이나 비방이 있는 것을 문제 삼는 담당자가 있는데 진짜 문제는 '이를 해소할 공간이 없다'거나 '이를 〈그것이 알고 싶다〉 PD에게 해소할 때'이다.

이슈에 관해 발 빠르게 응대하고 효과적으로 흡수하는 일은 이슈 관리 측면에서 SNS 운영의 매우 큰 장점이다.

5) 인플루언서 재규명 및 관리 강화

마지막으로 디지털 시대의 이슈 관리에서 고민할 점은 인플루언서 관리이다. 기존의 기자 관계에서 벗어나 산업군 혹은 이해관계에 따라 적확한 인플루언서, WOM을 규명해야 한다. 이때 쉽게 저지를 수 있는 실수는 단순히 방문자가 많거나 인기 있는 이들을 인플루언서로 규정하는 일이다.

무엇보다 '우리 사업과 관련성이 높은 이들'을 카테고라이징하고 그에 따른 영향력을 규명함이 옳다. 이 내용은 〈실제 영향력 있는 파워블로거 선정 기준〉 편을 참고하자.

인플루언서 재규명과 함께 이를 지속적·장기적으로 관리하는 작업도 병행해야 한다. 이에 대한 내용은 〈장기적 관점의 인플루언서 활용법〉 편에서 좀 더 자세히 다루도록 한다.

Social CRM 차원의
소셜미디어 인터렉션 관리와 응대 방법

:

대고객 인터렉션 관리 및 응대 차원에서

체계적인 프로세스에 기초한 운영론을 가진 기업/기관이 얼마나 될까?

그보다는 운영자, 에이전시 개개인의 역량에 기대거나

운영자 캐릭터화와 연계한 두루뭉술한 운영론을 제시하는 곳이 대부분이다.

해당 운영자 부재에 따라 침체를 겪는 기업/기관 채널은 생각보다 많다.

디지털 시대의 'CRM(Customer Relationship Management; 고객 관계 관리)'의 패러다임 또한 변화하고 있다. 특히 소셜미디어, SNS와 연결될 때 CRM은 강력한 효과를 갖게 된다. 바로 Social CRM이다.

Social CRM은 전통적인 CRM 모델에서 디지털/소셜미디어 등의 뉴미디어 요소를 더해 보다 풍부하고 효율적이며 정확한 고객 관리를 가능하게 한다. 이를 통한 이슈 관리 및 위기 관리 효과는 물론이고 그 자체로 안정된 페이지 운영과 활성화에 기여하기도 한다.

1. Social CRM 차원의 유의미한 인터렉션 규명

Social CRM 차원에서 기업/기관 담당자가 자사 페이지에서 고려해야 하는 커뮤니케이션, 즉 인터렉션에는 어떤 것이 있을까?

1) 공감

가장 기본적인 지표.

채널에 따라 좋아요, 마음에 들어요, 공유, 추천 등의 형태로 나타나는 단순 공감의 인터렉션을 말한다. 이는 기본적으로 ROI단의 취합 형태이지 추가적인 응대가 필요한 결과 값은 아니다.

2) 댓글

공감보다 한 단계 가중치를 줄 수 있는 지표.

특히 양이나 질, 유저, 채널에 따라 세분화된 관리와 응대가 필요한 항목이다. Social CRM 차원의 취합이나 페이지 활성화 등의 응대에서도 주요 항목으로 관리된다. 발생 형태에 따라 관리·응대의 기준점을 명확하게 설정해두는 작업이 필요하다.

3) 공유

기본적인 인터렉션 지표에서 가중치가 가장 높은 항목.

페이스북을 중심으로 팬의 팬에게까지 메시지를 전달하는 인터렉션은 '공유' 지표가 유일하다. 이때 '단순 공유(내용 공유)', '구체적 공유(자기 의견과 함께 공유)'와 같이 두 가지 형태로 구분해 관리 및 응대 방식을 설정할 수 있다.

4) 기타 관련 트랙백 등

블로그의 트랙백을 포함해 우리 콘텐츠에 기반을 둔 재창조 형태의 인터렉션은 추가적으로 관리 대상으로 설정할 수 있다. 다만, 기업/기관에 따라 이에 응대할지는 판단이 필요하다. 이를테면 이 항목을 대기업이 적극 응대했을 때 유저 입장에서는 '나를 사찰하는 거 아닌가?'라는 부정 반응이 나타날 수도 있는 것이다.

2. 인터렉션에 따른 고객 유형의 설정

인터렉션 형태에 이어 해당 인터렉션을 일으킨 유저를 프로파일링하는 작업이 필요하다. 이때 유저의 타입, 영향력 등에 따라 세분화된 지표 설정을 고민해야 하는데 이는 Social CRM 차원에서 유의미한 DB 확보 및 프로세스를 구축하는 데에도 핵심으로 기능한다.

1) 중립 유저

소비자인지 알 수 없거나 일반적인 팬의 경우가 이 항목에 해당한다. 바꿔 말하면 언제든지 소비자로 끌어들일 수 있는 유저군이란 뜻이다.

2) 소비자

일반적인 소비자군으로서 응대에 따라 로열 소비자나 브랜드 우군 혹은 페이지 활성화에 기여할 수 있는 유저로 발전될 가능성이 있다. 이에 따라 응대 방식에 있어 보다 세분화된 접근을 고려해야 한다.

3) 로열 소비자

Social CRM 차원에서 최종 목표(구매, 행동 등)와 연결할 수 있는 핵심 유저이다. 상세 프로파일링은 물론이고 페이지 운영, 기획, 마케팅 차원에서 다양한 연계를 고민해야 한다. 특히 이 부분을 핵심 ROI로 설정해 적극적으로 대응하는 기업이 늘어나고 있는데 페이드 리치의 연계 전략으로 고려해볼 수 있는 유저군이다.

4) 상시적 안티

기업에 따라 블랙 컨슈머나 사안별 이슈의 중심에 있는 인물이 해당된다. 이들은 동일한 문제를 지속적으로 발생시킬 가능성이 높다. 이에 따라 상세한 프로파일링과 신중을 기한 응대 프로세스의 정립이 필요하다.

5) 인플루언서

다른 항목과 별개로 온/오프라인상의 인플루언서, WOM 등이 이에 해당된다. 이들은 언제든지 특정 이슈를 파급시킬 수 있는 영향력을 갖고 있으므로 주요 관리 대상에 포함시켜야 한다.

3. 해당 보이스의 톤앤매너에 따른 세분화

인터렉션 형태 및 유저에 이어 고려해야 할 부분은 해당 보이스의 톤앤매너이다. 특히 기업에 따라 발생 가능한 이슈 및 그에 따른 응대 방향을 체계적으로 설정하고 관리하는 작업이 필요하다. 마케팅 차원에서 긍·부정 보이스에 바탕을 둔 콘텐츠별, 제품별, 형태별 분석은 유의미한 방식이다.

1) 긍정

보통 기업/기관의 자산으로 취합될 수 있는 항목이다. 더불어 응대 차원에서 더욱 발전시키고 추가 담론을 이끌어낼 수 있는 정교화된 전략을 고민해야 한다.

2) 부정

이슈 관리 차원에서 주요하게 취급되어야 할 보이스이다. 특히 발생 형태, 유저에 따라 정교화된 접근이 요구된다.

3) 중립

중립 보이스는 추가 담론을 이끌어내거나 단순히 '좋아요' 등으로 응대 방향을 설정하는 경우가 많다. 동일한 톤의 보이스에 대해서는 동일한 응대 방침을 설정하는 것이 좋다.

4. 체계적인 소셜미디어 인터렉션 관리 및 응대 프로세스 정립

위에서 살펴본 항목에 따라 인터렉션 관리, 응대 방향 설정, 응대 진행 및 관련 고객군을 체계적으로 관리하는 프로세스의 정립이 필요하다. 다만 실무단에서 발생하는 모든 인터렉션을 체계화하고, 예상 가능한 범주를 설정하며 대응 프로세스를 정립하는 일은 현실적으로 쉽지 않다. 게다가 많은 리소스가 소요되는 부분이기도 하다.

이에 따라 초기에 완성된 프로세스를 정립하는 것보다 좀 더 '유연한' 틀을 만들고 운영을 통해 지속적으로 수정하고 업데이트하며 세분화·정교화하는 방식이 무엇보다 효과적이다. 요는 고객 관계 관리에 있어 체계적이고 연속성 있는 시스템을 만드는 것일 것이다.

한 가지 더. 사실 이렇게 많은 리소스가 드는 Social CRM에 있어 가장 먼저 고려할 점은 집행의 목적과 활용 방안을 명확히 설정하는 것이다. 기업/기관에 따라 적확한 방향점을 설정하고 이에 맞춰 체계화하는 것은 작업의 효율화는 물론, 현실적으로 '기능하는' CRM을 담보한다.

다시 말해 Social CRM 차원의

소셜미디어 인터렉션 관리와 응대 방법은

명확한 목적과 활용 방안 설정과

현실적인 프로세스의 정립,

실질적으로 활용 가능한 지표 설정 및 취합,

취합된 자료에 기반을 둔 운영 및 CRM 차원의 접근,

그리고 지속적인 프로세스 개선 및 적용으로 정리할 수 있다.

:   **장기적 관점의 인플루언서 활용법**

파워블로거, 오피니언리더, 아젠다세터, 이슈메이커, WOM 등등

SNS 운영에 따른 영향력을 담보하기 쉽지 않은 요즘

'인플루언서'의 존재감이 점점 더 커지고 있다.

실제로 기업/기관의 사내·외(내·외부 공중) 인플루언서 관리와 활용에 대한 니즈는

적지 않다.

인플루언서에 대한 조사 결과를 하나 살펴보자. 기업/기관 SNS 담당자 120명을 대상으로 조사한 〈기업/기관의 소셜미디어 운영 현황〉이다 (by KPR 소셜커뮤니케이션연구소, 2014).

- 조사 대상의 69%는 현재 인플루언서를 활용하고 있다.
- 이는 2012년 대비 11%가 증가한 결과다.
- 그 중 40%는 인플루언서들과 '정기적'으로 '교류'하고 있다
- 활용 형태는 '콘텐츠 필진'이 71%로 가장 높고 '이벤트, 프로모션의 홍보 지원'이 그 다음이다.

조사에서도 알 수 있듯이 기업/기관의 인플루언서 활용도는 꽤 높은 편이며 이 흐름은 더더욱 강화 혹은 다변화되고 있는 추세다. 하지만 아직까지 기업들의 인플루언서 활용법은 콘텐츠 제공이나 메시지 확산과 같은 단순한 활동에 머무르는 경우가 많다.

디지털 시대에 이슈 관리 혹은 위기 관리 측면에서 인플루언서와의 관계 구축은 매우 중요하다. 특히 장기적 관점에서 이들과의 접점을 넓히고 지속적인 관계를 쌓는 것은 그들의 영향력을 활용해 메시지를 전파하는 것은 물론, 그 자체로 브랜드의 우군을 만들고 위기 발생 시 든든한 버팀목이 되어주는 이점이 있다.▣

디지털 인플루언서,
장기적 관점에서 이들과의 관계를 어떻게 쌓아가야 할까?

1. 인플루언서 규명: 누가 우리의 영향력자인가?

인플루언서 활용에 있어 가장 먼저 고려할 것은 '우리에게 최적화된 영향력자가 누구인가?'이다. 이때 단순히 '방문자가 많은 파워블로거'를 영향력자로 규정해서는 곤란하다. 다음 3가지를 참고해 보자.

JJamBong.com 이와 관련해, 인플루언서(Influencer)와 브랜드 우호세력(Brand Advocate)을 합쳐 궁극적으로 Super Advocate를 양성하는 방법론이 최근 주목받고 있다. 이는 현실적으로 기업/기관의 장기적 인플루언서 활용법이 될 수 있다

1) 사안에 따른 영향력자 규명

타깃, 제품, 이슈, 산업 등에 따라 그에 걸맞은 영향력자를 규명해야 한다. 이때 카테고리에 따라 영향력의 기준은 달라져야 한다. 예를 들어 외식사업 영향력자와 원자력발전소의 영향력자의 기준이 같아서는 안 된다는 것이다. 이는 〈실제 영향력 있는 파워블로거 선정 기준〉에서 자세히 설명한 바 있다.

2) 다변화된 채널 반영

사실 그동안 블로거에 국한된 인플루언서의 접근이 많았다. 이에 따른 실무단의 용이점은 충분히 이해한다. 그러나 채널 환경의 변화에 따른 다양한 미디어, 즉 페이스북, 트위터, 인스타그램 유저 그리고 커뮤니티, 사이트 등의 오피니언리더를 전반적으로 고민해야 한다. 이때 과거와 같이 단순한 '파워블로거'가 아니라 '인플루언서'의 시각으로 접근해야 한다는 것이 중요하다.

3) 활용 가능성

인플루언서를 규명함에 있어 '우리의 우군이 될 수 있을지'와 같은 활용 가능성도 고려해야 한다. 이에 따라 적극적인 우군으로 활용하거나 최소한의 관계 악화를 막는 관점에서 접근하는 등의 차별화된 방법론이 필요하다.

2. 관계 맺기: 홍보 지원 및 콘텐츠 필진 활용

인플루언서와의 관계를 쌓아나가는 데 있어 가장 손쉬운 접근법은 '홍보 지원'이나 '콘텐츠 필진'으로 활용하는 것이다. 실제로 많은 기업/기관들이 진행해오고 있는 방식이기도 하다.

다만, 그 활용방식에 대한 고민이 필요하다. 이를테면 '홍보 지원' 측면에서 단순 제품이나 브랜드의 리뷰 형태는 효과가 낮다. 그보다 다양한 기획단의 고민을 바탕으로 재미나 의미 있는 방식을 통해 적극적·자발적 참여를 유도하거나 우리 기업/기관을 더 잘 표현할 수 있는 형태를 고려해야 한다는 것이다.

'콘텐츠 필진'의 경우에도 다양한 분야의 인플루언서에 기초한 활용법을 고민해야 한다. 이때 그들의 콘텐츠 제작 능력과 영향력을 함께 활용할 수 있는 방법적인 접근은 매우 유효하다.

더불어 관계 맺기 차원에서 단순 일회성 활용이 아니라 장기적으로 관계를 만들어나가는 접근이 필요하다. 당근과 채찍을 적절히 활용한 '운영의 묘'는 담당자에게 요구되는 조건이다.▐

JJamBong.com 이를테면 인플루언서에게는 기자와 친구 중간 정도의 시각이 유효할 수 있다

관계 쌓기에 있어 다음 3가지 요소를 추가로 고려해 보자.

1) 자사 채널과 인플루언서 채널 동시 활용

자사 채널뿐만이 아니라 인플루언서 채널을 동시에 활용한다. 콘텐츠 작성 능력과 함께 그들의 '영향력'을 더하는 것이다. 이때 최종적으로 우리 페이지의 유입을 고려해야 한다.

2) 온/오프라인상의 주요 오피니언리더를 필진으로 활용

사안에 따라 온/오프라인상의 주요 오피니언리더를 필진으로 고려해 보는 것도 효과적이다. 자신의 채널이 없다 해도 관련 사안의 인플루언서라면 추가적으로 이슈를 만들어낼 요소가 있으며 장기적으로 효과적인 우군으로 양성할 수 있다.

3) 절대 놓쳐서는 안 될 내부 공중

외부뿐만이 아니라 내부 공중 역시 주요하게 고려해야 한다. 이들은 '전문성을 담보하는 내부의 생생한 이야기'라는 측면에서 우리의 콘텐츠를 풍성하고 수준 높게 가다듬어 줄 수 있을 것이다. 방법적으로는 내부 필진 형태로 적절한 보상을 제공해 활용할 수 있다.

3. 관계 증진: 홍보대사 지정 등을 통한 정기적인 유대관계 확보

관계 확보에 있어 인플루언서를 우리의 우군으로 양성하기 위한 장기적 관점의 전략이 필요하다. 이때 브랜드/서비스/제품단의 홍보대사, 외부 마케터 형태로 인플루언서를 참여시키는 방식을 고민해볼 수 있다. 주부, 학생 등 비교적 접근이 쉬운 유저군부터 카페 사장님, 헬스 트레이너 등 제품/브랜드에 따라 최적화된 직업군까지 고려가 가능하다.

더불어 온라인은 물론이고 오프라인과 연계한 브랜드/제품단의 활동을 고민해볼 수도 있다. 핵심 사안의 적극적 우군을 양성하는 과정인 셈이다. 다만 홍보대사 지정은 정기적인 관계를 맺는 만큼 세심한 선정과 꼼꼼한 관리가 필요하다. 해당 유저 혹은 직업군에 따라 그에 걸맞은 보상(reward) 방식을 고민하고 온/오프라인상의 연결 접점을 고안해야 한다.

4. 심화 과정

'인플루언서 규명-관계 맺기-관계 증진'에 이은 심화 과정이다. 여기에는 직접적인 마케팅 지원과 기업/기관 주도의 양성 과정이 해당된다.

1) 마케팅 지원: 브랜드/제품/채널단에서 적극적으로 코업(co-operation)

인플루언서를 실질적인 마케팅 지원의 역할로 활용하는 방식이다. 브랜드/제품/채널단의 인사이트를 얻기 위한 FGI(Focus Group Interview), 브랜드/제품 코어 타깃을 제품 개발단에서부터 활용하는 방식이 이에 해당한다. 관련 산업/제품군 인플루언서를 바탕으로 보다 심화되고 적확한 아이디어를 취합할 수 있다.

예를 들어 치과 제품군에서 치과의사들을 활용해 제품의 아이디어를 얻고 이들의 평가나 전문적인 내용을 콘텐츠화하여 홍보에 활용하거나, 뷰티 용품군에서는 제품 개발단에서부터 여성들을 참여시킬 수 있다. 이들을 통해 제품의 판매나 홍보를 공동으로 진행하는 경우도 있다.

2) 인플루언서 양성: MCN(Multi Channel Network)

인플루언서를 양성하고 지속적으로 활용하는 방식이다. 최근 들어 영상과 관련한 인플루언서를 하나의 네트워크로 양성하는 전략이 많이 활용된다. 그런데 이를 영상에만 국한할 필요가 있을까? 글, 웹툰, 음악 등 다양한 창작자에 기반을 둔 인플루언서 양성을 염두에 둘 수 있다.

특히 기업/기관에 따라 그들이 표방하는 카테고리에 맞는 인플루언서를 선별하고 이들의 활동을 지원·활용하는 방식은 관련 산업군을 발전시키고 적극적 우군을 양성하는 측면에서도 효과적일 수 있다.

소셜미디어 담당자를 위한 실전 저작권 팁 8가지

:

실무단에서 저작권과 관련한 크고 작은 이슈는 빈번하게 발생한다.

문제는 이러한 이슈들이 금전적/법적으로는 물론이고

해당 브랜드에도 적잖은 타격을 준다는 것이다.

이에 따라 이슈 관리 측면에서 저작권에 대한 관심은 반드시 필요하다.

뉴미디어 혹은 소셜미디어, SNS에서 저작권은 매우 중요하다. 그러나 실무자들도 공감하겠지만 이 저작권이란 것이 매우 복잡다단하다는 게 문제라면 문제다.

실제로 저작권법은 디지털 시대에 이르러 동시다발적으로 발생하는 많은 이슈들을 잘 담아내지 못하고 있다. 이에 따라 다양한 판례에 대한 해석들이 난무하고, 실질적 접근을 요원하게 만든다. 그 허점을 파고들어 흥하거나 수익사업을 벌이는 이들도 많다.

소셜미디어 담당자들이 업무에서 참고해 보면 좋을 만한 실전 저작권 팁을 모아 모아 정리했다. 강조한다. 실전 저작권 '팁'이다. 저작권과 관련한 적확한 사항은 관련 법조인과 상담하기를 권유한다. 한국저작권위원회의 '찾아가는 저작권 서비스'를 고려해보는 것도 좋다. 무료다.

1. 일단 '저작권'에 대한 개념부터 챙겨두자

소셜미디어 담당자라면 기본적으로 저작권에 대한 이해가 선행되어야 한다. 저작권의 핵심은 첫째, 저작권자의 권리 보호 둘째, 이용자의 공정 이용으로 문화의 발전을 추구함에 있다. 즉, '우리 모두 잘 살아보세'라는 건데 모든 법이 그렇듯 이로운 세상을 위한 최소한의 규범인 것이다. 더불어 아래 정도를 추가로 정리해두면 좋겠다.

- 인간의 사상 또는 감정을 표현한 창작물로 표현은 저작권, 아이디어는 특허로 세분화. 인정 요건의 핵심은 창작성
- 크게 저작권, 저작인접권, 저작인격권으로 나뉘며 문화의 발전과 함께 점점 복잡해지고 세분화되는 추세
- 저작물을 창작할 당시 타인의 저작물의 존재를 알지 못하고 독자적인 노력에 의하여 창작된 저작물은 설령 그 표현이 유사하더라도 기존에 존재하던 저작물의 저작권을 침해하는 것이 아님

2. CCL과 채널별 가이드라인이 사실상 핵심이다

디지털/소셜미디어, SNS와 관련해 CCL(Creative Commons License)과 각 SNS별 가이드라인은 저작권의 기준점으로 고려할 수 있다. CCL은 저작권과 관련된 일종의 '표준약관'으로 전 세계에 통용되는 약속이다. 대부분의 창작 자료는 기본적으로 CCL을 안내하고 있으며 이에 따라 기업/기관이 사용해도 되는지에 대한 구분이 가능하다. 더불어 SNS별 가이드라인 역시 실무단에서 반드시 확인해두어야 한다. 대부분의 채널은 저작권과 관련된 책임/권리 소재에 대한 내용을 분명하게 공지한다.💬 많은 경우 참고 포인트가 될 수 있다.

특히 실무단에서 소스 수급 및 제작과 관련해 위에서 말한 CCL과 채널별 가이드라인은 매우 중요하다. 이때 검색 포털 중에서 '구글', 이미지 라이브러리 중에서도 'Flickr'를 참고하자.💬 상세 검색에서 개인 혹은 기업/기관이 상업적으로 활용할 수 있는 이미지를 검색하면 된다.

3. 저작권 free 소스나 그에 상응하는 수급처를 확보해두자

저작권을 고려하면서 쓸 만한 무료 소스를 찾는다는 것은 참으로 지

JJamBong.com 예를 들어 유튜브 콘텐츠를 임베드 형태로 타 채널에서 활용해도 괜찮을까? 활용형태에 따라 유튜브는 이를 제재할 수 있다. 유튜브 가이드라인을 참고하자

JJamBong.com 많은 서비스가 있지만 이 둘보다 유용하고 방대한 자료를 가진 서비스는 솔직히 못 봤다

난한 작업이다. 이에 따라 저작권이 없거나 그에 상응하는 소스들을 확보해두는 일은 중요하다. 특히 아래를 참고해 보자.

- 사용 빈도, 방식에 따라 유료 서비스를 고려해 보는 것도 좋다. 무료에는 한계가 있다. 많은 이미지 사이트와 콘텐츠 사이트들이 유료 서비스를 제공하고 있고 퀄리티는 무료보다 (당연히) 좋다.
- 국가 또는 지방자치단체가 업무상 작성하여 공표한 저작물이나 계약에 따라 저작재산권의 전부를 보유한 저작물은 허락 없이 이용할 수 있다(저작권법 제24조의2).
- 네이버, 구글 지도 등은 오픈소스로 간단히 인증키를 발급받아 사용 가능하다(네이버 약관 참고).
- 개인 저작물의 경우 생존하는 동안과 사망한 후 70년간 존속한다. 이 기간이 지난 자료는 사용 가능하다. 다만, 해외만료저작물은 그 나라 개개의 가이드라인을 참고해야 한다.
- 음원 저작물 역시 무료로 사용할 수 있는 곳이 있다. '자멘도', '프리뮤직아카이브' 등을 참고. 유튜브의 경우 무료로 사용 가능한 배경음악을 설정할 수도 있다.
- 이미지와 관련해 저작권 무료 소스만을 모아둔 사이트를 참고하는 것도 좋다. '픽사베이', '퍼블릭 도메인 픽처스' 등이 있다.■

JJamBong.com 그러나 다시 말하지만 구글, flickr가 갑이다

4. 방송, 엔터테인먼트 혹은 초상권 관련 저작권은 특히 주의하자

채널 운영자나 관련 담당자라면 한 번쯤 고민해 보는 주제이다. 방송, 영화, 엔터테인먼트 콘텐츠 관련 저작권이나 초상권 관련 저작권에는 각별한 주의가 요구된다. 전자에 해당하는 저작권인 경우 기본적으로 '저작물을 널리 소개'하기 위한 행위에 한해 한정적으로 허용된다. 다만, 해당 주체마다 기준이 다소 모호한 상황이므로 책임감 있는 담당자라면 'TV프로그램 등의 캡처 이미지 활용'은 가능 여부를 면밀히 검토하는 것이 좋다. 공식 홈페이지에서 홍보 목적으로 제공하는 포스터, 스틸컷, 공식 프로필 등을 활용해 볼 수도 있으나 엄밀히 말해 이 또한 상업적 목적으로 활용할 수 없다.

후자인 초상권 관련 저작권의 경우 더욱 포괄적인 주의를 요한다. 유명인은 물론이고 일반인의 경우에도 매우 민감할 수 있는 부분이므로 사전에 이에 대한 명확한 확인을, 필요하다면 양해를 구해두어야 한다. 더불어 구매 혹은 사용권을 확보한 이미지의 경우에도 초상권과 관련해서는 별개의 항목이 있는 경우가 많다(예를 들어 초상권이 있는 이미지는 다른 사용권과 별개로 1년간만 사용이 가능한 경우도 있다). 꼼꼼히 챙겨두자.

5. 개인 free인지 기업 free인지, 다시 한 번 확인하자

이 부분은 비단 소셜미디어 담당자가 아니어도 기업/기관단에서 매우 주의를 요하는 부분이다. 특히 우리가 익히 사용하는 프로그램은 개인에 한정된 경우가 많다. 이에 따라 기업/기관에서도 free한 제품을 사용하거나 정당한 사용료를 지불한 후 사용해야 한다.

폰트의 경우에도 개인 free와 기업 free를 확인해야 한다. 특히 폰트는 관련 판례가 다소 미비한 상황이기 때문에 이를 악용해 크고 작은 이슈가 자주 발생한다. 그러므로 디자이너나 특정직군이 아니라면 그냥 네이버 공개 폰트 쓰시라. 그게 아니라면 폰트를 구입해 그 컴퓨터로만 해당 작업을 수행하는 등 사용 가이드라인에 따른 이용을 다시 한번 확인하자.

6. 팬 콘텐츠, 링크 활용에도 주의가 필요하다

소스 수급 상황에서 자주 접하는 문제이다. 팬들이 올린 저작물들은 어떻게 활용할 수 있을까? 기본적으로 페이스북, 트위터와 같이 공유나 RT 등이 가능한 채널들은 이를 활용한다. 인스타그램 regram은 어떨까? 이는 유저 사이에서 범용적으로 활용되고 있으나 채널단에서 자체적으로 제공되는 기능이 아니다. 이에 따라 저작권자의 허락 없이 사용하면 문제의 소지가 있다. 채널단의 가이드라인과 별개로 기업의 입장에서 개인의 콘텐츠를 허락 없이 사용하는 것은 어떤 식으로든 이슈가 될 수 있다. 이에 따라 사용 전에 해당 저작권자에게 사전 허락을 받는 과정을 반드시 거치는 것이 좋다. 이용 허락을 득했다면, 저작권자의 아이디와 출처를 하이퍼링크로 표현해주는 것이 일반적이다.💬

더불어 링크 방식에도 저작권이 있다. 링크에는 기본적으로 단순 링크, 딥 링크(Deep Link), 프레이밍 링크(Framing Link), 임베디드 링크(Embedded Link) 4가지가 있다. 여기서 단순 링크와 같이 메인 페이지가 아닌, 특정 콘텐츠의 위치를 타깃팅해주는 딥 링크(예를 들어 http://jjambong.com/1385)까지는 저작권 위반이 아니라는 판례가 있다. 그러나 해당 페이지의 일부를 자신의 페이지에 그대로 구현하는 프레이밍 링크나 멀티미디어 파일을 자신의 페이지에 구현하는 임베디드 링크의 경우 저작권 위반의 소지가 있다. 물론 유튜브 등의 콘텐츠를 임베디드하는 것은 광범위하게 활용되는 방식인데…… 위에서도 언급했듯이 각 채널의 가이드라인을 참고해야 한다.💬

7. 당연하지만 기사, 텍스트 등에도 저작권이 있다

기사, 텍스트 등에도 저작권이 있다. 이에 대한 활용은 다음을 고려해 보도록 한다.

JJamBong.com 원저작자가 이를 원하지 않는다면 그에 따르면 된다
JJamBong.com 최소한 〈짬봉닷컴〉 글을 무단으로 썼으면 출처라도 남기란 말이다(…)

- 짧은 글, 트윗은 '특별한 인물'이 아니라면 저작권이 없다. 이에 따라 일부 요약, 발췌(2~3줄) 정도는 저작권 침해가 아니다.
- 스포츠 소식, 보도자료 등 각종 사건, 사고, 이슈를 단순 전달하는 시사보도는 저작물 보호대상에서 제외된다.
- 다만, 기타 기사, 문학작품 등을 그대로 올리거나 노래가사 등을 올리는 경우는 저작권 침해이다.
- 기업/기관의 경우, 특정 내용을 포스팅함에 있어 일반 블로거의 포스팅, 기사들을 참고해 작성하는 경우가 왕왕 있다. 그런데 원문의 내용을 살짝 가공해 기업/기관의 이름으로 바꿔 올리는 경우가 생각보다 많다. 저작권을 떠나 해당 브랜드에 먹칠을 하는 행위다.

8. 외주 또는 위탁 콘텐츠 제작 시에도 주의가 필요하다

소셜미디어뿐만 아니라 마케팅 커뮤니케이션 행위에는 외주 혹은 위탁 제작을 통하는 경우도 많다. 이때 '저작권 양도 계약' 등을 통해 향후 저작권이 누구에게 귀속되는지를 특정하는 작업이 반드시 필요하다. 이는 캐릭터 제작, 파워블로거 활용, 콘텐츠, 영상 제작, 광고 제작 등의 경우에 모두 해당된다. 이때 2차적 저작물 사용 등은 물론, 저작권과 관련한 이슈 발생 시 책임소재를 분명하게 특정지어야 한다. 특히 실무 과정에서 소홀히 하는 경우가 많으므로 귀찮아도 반드시 짚고 넘어가야만 한다.

#대한민국_소셜미디어

CHAPTER 08

한국형
소셜미디어 담론

소셜미디어 ROI에 대한 고민 3가지

KPI(Key Performance Indicator) 혹은 ROI(Return On Investment),
디지털/소셜미디어 담당자들을 끊임없이 괴롭히는 문제다.

광고&홍보와 같이 소위 말해 '버는 건 없으면서 돈만 써대는' 파트에서 응당 겪는 일이다. KPI, ROI에 대한 업계 내의 고민은 어제오늘 일이 아니다. 특히 비교적 짧은 역사를 지닌 디지털/소셜미디어 부분의 성과 분석 관련 이슈는 더 이상 새롭지도 않다.

이에 대한 명쾌한 해법을 ≪#소셜쓰고앉았네≫에서 기대하지는 말자. 현재 업계 내에서 고민하고 있는 내용을 총정리하도록 한다.

JJamBong.com 그걸 알면 제가 이러고 있지 않는다니깐요?

1. 소셜미디어는 과연 효과가 있는가?

근본적인 질문이다.
소셜미디어는 정말 효과가 있을까?

현시점에서는 '효과가 있느냐, 없느냐'보다 '그 의미를 어떻게 측정할
것인가'로 포인트가 전환되었다는 데에 의미가 있다. 아래와 같은 측정
법을 고민해 볼 수 있다.

1) 온/오프라인을 통한 인지조사

기존 커뮤니케이션 성과 분석 중 하나지만 실무단에서는 많이 활용
되지 않는 방식이다. 채널, 콘텐츠, 전달 메시지 관련 인지조사 혹은 정
보 습득 경로 등을 집행 전과 후로 나누어 비교·파악해본다. 과거와 달
리 다양한 유/무료 툴들이 생겼기 때문에 이를 활용해 비교적 쉽게 대
입해볼 수 있다.

2) 노출지표 분석에 따른 광고&홍보 환산

이해관계자가 비교적 이해하기 용이한 방식이다. 쉽게 말해 결정권자
가 이해하는 데에 보다 용이한 '광고 단가'를 소셜미디어 노출로 대비해
수치화하는 것이다. 물론 SNS 운영에서 이러한 방식은 소셜미디어 본연
의 가치를 담아내기 어렵다는 제한점이 있다. 방식은 검색 포털이나 해

당 SNS에서 상위 노출 영역, 채널별 도달 및 노출 현황 등을 해당 지표의 광고 값으로 환산하는 것이다. SNS 자체 광고 단가를 환산하거나 1회 노출, 1회 클릭에 드는 비용을 오가닉 수치와 비교하는 방식은 최근 범용적으로 활용된다.

3) 인터렉션 추이에 따른 인지 수준의 변화

채널 운영과 캠페인 운영에 따라 실질적인 인터렉션 변화를 양적·질적으로 트래킹하고 분석하는 방식이다. 인터렉션의 양이나 해당 인터렉션의 긍·부정 분석 등을 고민해 볼 수 있다. 특히 경쟁사 혹은 다른 커뮤니케이션에 대비하거나 자사 제품 혹은 브랜드별 비교군을 형성해 성과 비교 분석 및 운영 정교화에도 활용할 수 있다. 이때 실질적으로 들어간 리소스에 대비한 비교가 가능하다.

4) 핵심 목표에 집중한 마케팅적 접근

각 채널들이 광고 플랫폼화되고 E-커머스화되어 가면서 제품의 판매, 앱 등의 다운로드, 홈페이지 유입 등 핵심 목표에 대비한 성과를 도출해 볼 수 있다. 소셜미디어 운영의 근본적 목표에 따른 한계점은 있으나 최근 소셜 광고의 발전과 함께 보다 다양하고 실질적인 지표를 제공하는 추세다.

5) 기타

ROI 설정과 측정법에는 각 채널의 운영 목표나 내부 상황에 따른 차이가 많이 있다. 이에 따라 경쟁사나 동일 산업군, 카테고리군과의 지표를 비교하거나 각종 어워드의 수상이나 학계와 연계한 실적 창출 등의 지표를 추가할 수 있다.

2. 채널별로 어떤 기준이 현실적인가?

각 SNS는 날이 갈수록 발전하고 정교화되고 있다. 이를 하나로 관통하는 ROI, KPI를 설정하는 것도 중요하지만 그에 앞서 채널별 차별점을 먼저 이해해야 한다. 채널별 주요 이슈를 함께 정리했다.

1) 블로그

기본적으로 각 서비스별 제공 지표에 차이가 크다. 따라서 '방문자', '페이지뷰', '인터렉션', '경쟁사 비교' 등이 기본적인 분석 지표다. 더불어 '이탈률', '방문자 대비 페이지뷰', '머무르는 시간' 등에 따라 채널 만족도를 분석하기도 한다. 검색 포털과 연계해 전략 키워드별 '포털 사이트 노출량'을 분석하거나 운영 목표에 따라 '유입 출처'를 분석하는 것도 주요한 방식이다.

① 네이버에서만 제공하는 '이웃' 지표

서비스별 지표에 따른 차이점 중 대표적인 것이 네이버의 '이웃' 지표다.

사실 '이웃'은 RSS를 기반으로 네이버에서 만든 네이버만의 기형적인 서비스 방식이다. 이를 측정 지표로 선정할 경우 네이버 이용자만을 그 대상으로 한정짓게 되는 셈이다. 구글 RSS 서비스가 종료되는 등 전통적인 RSS 기능이 SNS로 옮겨가는 시점에서 '이웃'과 'RSS'를 등위로 놓는 해석에도 무리가 있기는 마찬가지다.

② 현실적으로 가장 많이 쓰이는 지표 '방문자'

그러나 전체 방문자만을 지표로 삼을 경우 우리가 원하는 메시지가 얼마나 노출되고 있는지에 대해서는 측정할 수 없다. 이에 따라 시즈널 이슈와 기업/기관의 메시지를 적절히 혼합한 콘텐츠 전략과 핵심 콘텐츠의 페이지뷰 값에 대한 트랙킹이 필요하다.

③ 구글 '웹로그 분석'

현존하는 최고의 무료 분석 툴 구글 '웹로그 분석'도 이슈지만 네이버에는 설치가 용이하지 못하고 티스토리의 경우에도 모바일 유입을 담아내기 쉽지 않다. 네이버 '웹로그 분석'의 경우에는 날짜 지정의 한계를 포함해 온전한 툴로 활용하기 부족한 부분이 있다.

2) 페이스북

일반적으로 '좋아요', '도달(reach)', '인터렉션', '인게이지먼트' 그리고 '인플루언서 관계상의 지표' 등을 고려할 수 있다. 이러한 지표들을 통합적으로 분석·관리하는 운영의 묘가 필요한데, 페이스북에서 자체적으로 제공하는 인사이트 수준이 타의 추종을 불허하는지라 방대한 지표를 어떻게 효율적으로 활용할 것인가가 관건이다.

① 급변하는 채널 환경이 최대 이슈이다

각종 지표가 수시로 변화하거나 노출 알고리즘이 예고 없이 바뀐다. 또한 페이드(paid; 유료)가 아닌 오가닉(organic; 이를테면 무료) 지표는 지속적으로 줄어들고 있다. 이를 전반적으로 고려한 접근법을 고민해야 한다.

② 광고 지표를 어떻게 다룰 것인가

채널 환경 변화와 함께 실질적으로 정교화되고 유의미해진 광고 지표를 어떻게 다룰 것인가도 핵심 포인트다.

③ share+like+reply

많은 분석 툴들이 인터렉션을 share+like+reply 처럼 단순히 1:1:1의 등위로 정의하는 상황이다. share만이 2차 노출의 의미를 가지는 현 상황에서 이것이 과연 옳을까?

④ 인플루언서의 규명 및 분석·활용

핵심 SNS인 만큼 관련 인플루언서를 규명하고 이들을 분석·활용하는 접근법도 중요하다. 그렇지만 이러한 작업이 현실적으로 쉽지만은 않다.

3) 트위터

기본적으로 '팔로워', '노출', '인터렉션' 그리고 '인플루언서 관련 지표' 등을 분석할 수 있다. 보다 정교화되어 가는 자체 인사이트를 바탕으로 운영 목적에 맞는 방법론에 대해 고려하는 것도 중요 포인트다. '해시태그 확산'을 트랙킹하는 것도 하나의 방법이 될 수 있다.

① 인터렉션

페이스북 대비 인터렉션 값은 문제가 많다. 현시점에서 트위터는 단일 콘텐츠라기보다 커뮤니케이션 채널의 하나로서 유의미하다. 따라서 커뮤니케이션 총량에 따른 변화 추이를 비교·분석함이 옳다.

② 인플루언서 관련 지표

인플루언서 관련 지표 또한 주요 항목이다. 인플루언서의 영향력이 블로그와 더불어 가장 직접적인 채널이라는 측면에서 이를 활용한 지표 설정은 의미가 있다.

4) 인스타그램

광고를 활용하지 않는 이상 인스타그램은 운영 수치를 제공하지 않는다. 이에 따라 '팔로워', '인터렉션'을 기본 지표로 설정할 수 있다. 더불어 채널 특성상 '핵심 태그의 활성화'는 주요 지표로 설정함이 옳다.

① 해시태그에 집중한 트랙킹

팔로워보다 해시태그에 집중한 트랙킹이 더 현실적이다. 특히 이러한 해시태그에 중심을 둔 운영론은 실질적인 ROI로 기능할 수 있다.

② 시간대 고려

타임라인 노출 알고리즘이 (아직까지는) 없는 만큼 팔로워 분석에 기반을 둔 시간대를 고려하는 운영론이 주효하다.

5) 유튜브

기본적으로 '총 뷰', '구독자', '채널별 뷰' 등의 지표, '인터렉션'을 설정할 수 있다. 더불어 '구독자'와 '머무른 시간' 등에 집중해 실질적인 채널 영향력을 검증하는 방식으로 심화할 수도 있다. 특히 유튜브는 운영 방식에 따라 최적화된 지표 값을 설정하는 작업이 중요하다.

① 상세한 인사이트

유튜브에는 구글 '웹로그 분석'에 비견할 만한 상세한 자체 분석툴이 있다. 이에 따라 영상별 유입 값이나 클릭 출처, 운영단의 성과 등을 수치화해 볼 수 있다.

② 전체 뷰와 콘텐츠별 뷰에 대한 세분화된 분석

블로그와 마찬가지로 전체 뷰와 콘텐츠별 뷰에 대한 세분화된 분석 역시 이슈다. 이를 활용하면 콘텐츠 운영 전략과 더불어 유저들의 생각과 메시지 노출에 대해서도 지표화가 가능하다.

3. 성과 분석에 도움 되는 툴에는 어떤 것이 있는가?

소셜미디어 분석에서 기업/기관이 활용할 만한 주요 툴만을 정리해 소개한다. 다만 여러분이 이 글을 읽는 시점에서 중단된 서비스도 변화한 서비스도 있을 수 있다. 이에 따라 아래 내용은 참고만 하고, 결국엔 직접 활용해보고 판단할 것을 당부한다.💬

1) 이슈&트렌드 취합 및 분석

소셜메트릭스	소셜미디어 여론 모니터링 서비스. 특정 키워드 관련 주요 인플루언서와 여론을 참고하기에 용이.
	무료 혹은 유료
펄K (pulseK)	SNS 분석, 종합적인 트렌드, 인플루언서 등의 모니터링 서비스.
	유료
트렌드믹스	포털 사이트 검색에 기초한 트렌드 분석 서비스. 자사 키워드 모니터링에 적합.
	유료
태그보드	해시태그에 기반을 둔 사용량 조사 서비스. 양적인 추이를 살펴볼 시 수작업에 의존해야 함, 정확한 정보 제공의 여부는 확인할 수 없음. 관련 인플루언서를 확인하는 데에만 유의미함.
	무료

JJamBong.com 그리고 우리에겐 구글링이 있지 않은가

2) 통합 채널 분석

소셜베이커스	글로벌 분석 툴. 주요 SNS에 대한 상세한 분석. 대체적으로 폭넓고 적확한 분석 지표와 지표 값의 합리적 기준을 잘 정립해둠. 자사&경쟁사 분석에 특화됨. 전체적인 추이나 트렌드 모니터링에는 부적함.
	유료
하이브트리	국내 분석 툴. 통합적인 채널 운영/관리; 인터렉션 및 태그 등을 기반으로 인플루언서를 규정하고 통합적으로 관리 가능. 채널에서 직접 운영하는 것에 비해 정교화 수준이 다소 떨어짐. 전체적인 트렌드 지표보다 경쟁사 분석에 적합.
	유료
심플	트위터, 페이스북 분석 기본. 채널의 종합적인 지표 분석. 전체적인 여론 추이 및 트렌드 모니터링. 분석 모수의 한계가 있음.
	유료

3) 특정 채널 중심

소셜베이커스	페이스북 중심의 비교 분석 정보와 선택한 채널의 상세 정보를 제공. 관련 기준들이 정확히 제시되지 않아 전체 추이와 트렌드를 모니터링하기에 보다 적합.
	유료

Iconsquare	인스타그램과 관련한 운영&결과 지표를 제공하는 툴. 부족한 인스타그램 분석 지표를 비교적 안정적으로 보완.
twitonomy	트위터 관련 지표를 무료로 제공하는 툴. 현존하는 무료 서비스 중 가장 방대하고 적확한 지표 값 확인 가능.
	무료

4) 확산 분석 및 기타 커스터마이징 툴

shared count	특정 콘텐츠의 공유 횟수 혹은 인터렉션을 분석해주는 무료 서비스. 특정 SNS 콘텐츠는 분석 값을 도출하지 못하나 블로그 등의 콘텐츠의 경우 관련 버즈를 비교적 정확하게 트랙킹.
	무료
에이스카운터(acecounter), 로거(logger)	블로그, 웹사이트 등의 웹로그에 바탕을 둔 유료 분석 툴.
	유료
다이퀘스트(diquest), 오픈SNS(opensns), 와이즈넛(wisenut), 버즈인사이트(buzzinsight), 솔트룩스(saltlux) 등	깊이와 상관없이 고객사에 한해 최적화된 툴을 개발해주는 서비스.

왜 한국에는 대박 이벤트/프로모션이 없을까?

활발한 질문과 반론이 이어지는 강의는 언제나 강연자를 흥분되게 한다.

그 중 개인적으로 가장 기억에 남는 질문은

이벤트/프로모션 강의에서 일련의 사례를 듣고 한 마케터가 남긴 말이다.

"왜 한국에는 저런 케이스가 없을까요?"

개인적으로 늘 고민하는 지점이다.

'왜 우리나라에는 때깔 좋은 대박 이벤트나 프로모션이 없을까?'

'그런 대박 이벤트가 우리나라에 정말 없을까?'

'영상' 분야로 치자면 최근 우리나라에서도 히트작들이 하나둘 나타나고 있다. 특히 2015년과 2016년에 이르러 개그, 정보, 감성 코드를 차용한 몬캐스트, 72초TV 등의 프로덕션이 실질적 결과물을 만들어내고 있다. 다양한 분야의 프로 영상 제작자들이 소셜 영상 분야로 유입된 결과이기도 하겠다.

그러나 '이벤트/프로모션' 케이스를 살펴보자면 소셜미디어 초창기 KT가 펼친 만우절이벤트, 소셜한소개팅, SNS 달력 등의 Gig한 사례들 이후로 지속적 우수 사례를 만들어내는 기업/기관이 있나 싶다. 이유가 뭘까?

1. 경직된 환경과 아이디어의 부재

'우리는 글러먹었다' 류의 이야기.

애초에 그런 쌈박한 아이디어를 낼 환경에서 살고 있지 않다. 줄 세우기, 상명하복, 튀는 놈은 밟아 버리는 식의 교육과 문화 속에서 자라난 우리에게 탄복할 만큼의 기발한 무언가를 기대하는 것은 '그것을 기획하는 사람'도 '그 이야기를 받아들여줄 환경'에도 무리 아닐까?

2. 기획자의 자기검열과 결정권자의 이율배반

그나마 나오는 아이디어마저도 '너무 튀는 거 아닌가?', '리스크 감당이 될까?' 하는 자기검열의 벽을 넘지 못하는 경우가 많다. 이리 깎이고 저리 깎여서 결국은 무난한 아이디어만이 남게 되는 것이다. 여기에 결정권자들의 피드백과 예산 압박까지 적절하게 섞이면 어느새 '이건 대체 뭐지' 싶은 아이디어가 실행에 옮겨지는 것을 목도하게 된다.💬

'대박'에는 그만한 리스크가 수반된다.

3. 검증병

일종의 '검증병'이라고 부르고 싶다. 레퍼런스를 따지고 '가능하냐? 이슈는 없겠냐'를 묻는 것. 기존과 다른 대박 아이디어를 기획하는데 관련 케이스를 가져오라고? 그 자체로 난센스다. 그런데 이런 일이 비일비재하다. 담당자의 적절한 '운영의 묘'가 필수인데 그마저도 이리저리 흔들거리다 보면 결국 예산 집행 자체를 위한 아이디어로 결론이 난다. 바야흐로 형식이 메시지를 지배하는 것이다.

4. 마케팅적 시각과 ROI 설정의 혼선

좋은 기획과 의도가 용두사미의 운명을 맞이하는 이유 중 하나다. 명확한 목적과 방향성을 지키지 못했거나 애초에 이런 목표들이 정확히 공유되지 않은 경우가 이에 해당한다.

이를 테면 브랜딩과 마케팅을 동시에 고려하고, 관심도 많이 끌며, 매

JJamBong.com 이것은 상대적으로 역사가 짧고 그 방법론이 정립되지 않는 디지털/소셜미디어 분야에서 특히 심한 것 같다

출까지 늘려주는 '완전체' 프로모션을 기대하는 식이다. 과거 이슈였던 'XX녀'를 본뜬 영상을 만들겠다고 하면 브랜딩적인 시각에서는 리스크가 한 보따리로 나오니 하지 말자고 한다. 하지만 마케팅적인 시각으로 바라보면 해볼 만할 수 있는 것이다.

5. 미묘한 '때깔'의 문제

말하자면 '아우라' 정도 아닐까? 마치 영화 〈고질라〉를 보고 '왠지 모르게 영상 퀄리티 후지다'라고 말하는 느낌이랄까. 이벤트의 대가 루이까또즈 신유철 과장님은 이렇게 말했다.

"프로모션은 제품 또는 브랜드와 본질적으로 연결고리가 있는 것을 소비자에게 경험하게 만들어야 하는데, 본질과 무관한 성공사례를 무작정 베끼다 보니 겉핥기만 된다."

그의 이야기처럼 연관성(relevance)의 문제일 수도 있다. 우리의 특성, 우리의 문화, 우리의 트렌드에 맞지 않은, 일방적 따라하기는 애초에 때깔에서 밀릴 수밖에 없다. 레전드 급의 이벤트/프로모션을 만들어낸 하이네켄이 국내에서 집행했던 이벤트의 경우 큰 이슈가 되지 못한 채 어색함만을 남긴 이유를 여기서 찾을 수 있지 않을까?

:　　　　　　　**토종 SNS 미투데이와 카카오스토리**
　　　　　　　한국형 소셜미디어는 실패했는가?

　　　　　　　　　　　　　　　　　　　　　　　　 ⊖　▢　⊗

2014년 6월 30일.

한국형 토종 소셜미디어로 기치를 내걸었던 '미투데이'가 서비스 종료를 선언했다.

그전까지 KTH의 '푸딩투'와 '아임인', 다음커뮤니케이션의 '요즘', SK커뮤니케이션즈
의 'C로그' 등이 비슷한 운명을 겪은 바 있다.

그리고 현재 '날개 잃고 추락'이라는 평가까지 받고 있는 '카카오스토리'.

한국형 소셜미디어는 실패한 것일까?

---

1. 토종 SNS 미투데이와 카카오스토리

　주지하다시피 미투데이는 역사의 뒤안길로 사라졌다. 출시 당시부터
모기업 네이버가 들인 공이 적지 않았기에 당시 충격은 컸다.💬 언론에
선 '토종 SNS가 모두 몰락했다'든가 '인터넷 주권이 위험하다'든가의 기

JJamBong.com 네이버가 들인 공은 현재 '폴라', '포스트'와 비교해도 최소 10배는 됐다고 본다

사를 실었다. 외국에 침략 당한다는 측면에서 '남 일이 아니다' 류의 자성(?)도 인상적이었다.

서비스 종료의 결정적 이유는 매출이었다. 2013년 3분기 네이버 매출을 보면 미투데이의 지속적인 하락과 함께 '라인'의 매출이 3분기에만 1,286억 원으로 디스플레이 광고의 2배를 넘었다. 이는 전체 매출의 1/5 수준이다.

미투데이 종료 소식이 전해지기 2년여 앞선 2012년에는 카카오스토리가 등판했다. 카카오톡의 인기를 등에 업은 이 SNS는 출시 3일 만에 1천만 다운로드를 기록하기도 했다. 그리고 현재, 모기업 카카오는 다음, 멜론 등과의 인수합병 과정에서 시너지 효과를 크게 보지 못했고 2015년 카카오게임을 포함해 전반적으로 실적이 저하됐다.

카카오스토리는 한때 페이스북의 지위까지 넘봤지만 2014년을 기점으로 꾸준히 하락세다. 2016년 3월 모바일 기준 순이용자는 밴드에 이은 2위이지만 총 실행횟수는 1위인 페이스북의 30% 수준으로 3위, 총 이용시간은 다음카페에도 밀려나 5위에 머물고 있다. 성장률은 어떨까? 구글 플러스보다 조금 나은 9위에 랭크되어 있다(by 코리안클릭). 이러한 지표는 카카오톡에 연동돼 인맥에 기초한 단순 방문을 제외하면 어떤 유의미한 활동이 이 SNS에 있을지 의심하는 근거가 된다. 실제 실무 입장에서 카카오스토리의 콘텐츠당 인터렉션은 심각하게 저하되고 있는 상황이기도 하다.

어플리케이션	순이용자	이용률 (%)	총 이용시간	평균 이용시간	평균 실행횟수	성장률 (%)
소셜미디어	26,637,590	88.09	16,771,850	629.63	253.6	−0.051
밴드	14,750,434	85.62	2,021,352	137.04	79.54	−0.949
카카오스토리	14,722,941	81.8	1,379,569	93.7	48.53	−4.511
Facebook	10,235,001	90.93	6,907,305	674.87	227.62	−2.962
Google+	7,376,551	28.03	43,361	5.88	7.13	−9.932
네이버 카페	5,985,522	76.49	1,997,303	333.69	118.94	3.424
Instagram	4,338,035	79.28	609,824	140.58	85.71	−0.251
다음 카페	3,244,727	70.22	1,384,075	426.56	127.39	−2.768
Twitter	1,848,663	79.25	1,301,015	703.76	262.38	3.503
네이버 블로그	1,804,653	67.96	349,782	193.82	87.66	1.782
카카오그룹	1,773,736	38.23	73,716	41.56	28.77	3.768

··· 2016년 3월 소셜미디어 모바일 앱 사용현황 ···

2. 미투데이와 카카오스토리의 SNS 시장 적응 실패기

우리나라의 대표적인 SNS로 일컬어지는 미투데이와 카카오스토리. 이 두 채널은 실패했거나(전자), 지속적으로 악화 상태(후자)에 있다. 결론적으로 SNS 시장 적응에 실패했다고 정리해도 큰 무리는 아닐 듯싶다. 이유가 뭘까?

1) 독자적인 체험 전달 실패

이른바 성공한 SNS는 해당 채널만의 특성, 강점을 유저에게 제공한다. 미투데이와 카카오스토리 두 채널은 이러한 측면에서 한계를 보였다. 한국형 SNS를 표방한 미투데이는 시작부터 '한국어 트위터'라 불렸다. 당시 트위터는 한국어 지원이 없었으므로 그 틈새를 파고들어 비슷한 UI와 서비스를 제공하기 시작한 것이다. 관련 에반젤리스트(Evangelist)들에게 거의 신성시되던 서비스를 단순히 따라한 '대기업의 무임승차하기▥ 정서가 확산됐다. 생태계에 미투데이가 어떤 추가적 이점을 제시했는가?

카카오스토리는 어떨까? 모기업의 후광으로 초기에 압도적 이용자를 확보했다. 여기에 '복잡하다'는 평가를 받던 페이스북에 비해 쉽고 간단한 인터페이스는 장점이었다. 그러나 이를 제외하고는 페이스북과 크게 다른 특성이 제시되지 못했다.▥ 이렇게 독자적 이점을 제시하지 못하는 상황은 카카오톡에 연계한 미니홈피 같은 이미지를 지속시켰고, 모기업 이슈(개인정보 강제수집, 서비스 불통, 보이스톡 논란 등)는 고스란히 카카오스토리에도 전가되었다.

2) 마케팅 커뮤니케이션 전략의 오판

결과론적이지만 마케팅 커뮤니케이션 전략도 살펴볼 수 있다. 미투데이의 경우 중반까지도 '스타 마케팅'을 활발히 차용했다. 각종 PPL, TV,

---

JJamBong.com 당시 트위터는 국내에서 '실체 없는 요상한 채널'일 뿐이었다
JJamBong.com 3040 주부가 이용하는 채널이라는 특성? 이는 오히려 여기까지 몰린 '결과'이겠다

온라인 광고 등을 통해 '10대 아이돌이나 개그맨들이 사용하는 미투데이'라는 커뮤니케이션 메시지를 전달한 것이다. 이는 개인이 개인에 의한 '1인 미디어'를 기존의 '일방적 매스미디어'의 형태로 치환하는 실수였다. 결과적으로 유저들의 이탈과 함께 1020 영타깃만이 스타들의 일상을 보기 위해 사용하는 채널로 이미지가 굳어지게 되었다.

이에 비해 카카오스토리는 모기업의 여러 이슈들에 이리저리 휘둘렸을 뿐, 독자적인 전략이 무엇이었는지 잘 모르겠다. 여기에 다음과의 합병 이슈와 카카오톡 채널이나 해시태그 검색 등의 서비스 변화에도 카카오스토리가 어떤 역할을 하고 있는지 알 수 없다.▣

3) 채널 정교화 문제와 기업/기관의 외면

미투데이와 카카오스토리는 한때 많은 이용자를 확보한 적이 있었다. 다만 두 채널 모두 유저 입장에서 정교한 채널을 구축하는 데 인색했다. 초기 채널단의 문제나 미흡함은 이해한다손 치더라도 사용자 편의성 문제 등에 대한 개선이 지속적으로 이뤄지지 못한 점은 납득할 수 없다. 유저가 많다는데 실제 인터렉션은 매우 낮다. 그렇다고 많은 노출이 이루어져 효과가 있는지도 알 수 없다. 다른 채널과 비교하면 더더욱 그렇다. 기업/기관 입장에서 운영은 물론 수치도 신뢰할 수 없게 된 것이다.

JJamBong.com 그리고 이를 알리기 위한 노력도 사실상 하지 않는다. 기업들의 문의나 요청에 대해서도 '고객 서비스센터에 문의하라'는 원론적 답만을 내놓는 것이 현재까지 카카오의 대처방식이다

채널 정교화 문제는 관련 세팅이나 통계 제공, 광고에서도 잘 드러난다. 기업/기관 입장에서 신뢰도가 낮으며 그들 의도대로 활용할 수도 없는데 KPI, ROI까지 특정할 수 없는 채널이라는 얘기다. 기업/기관은 유저가 많은 곳에 관심을 가진다. 동시에 기업/기관이 활발히 활동하는 곳에 유저들은 모인다. 이러한 순환 구조에서 미투데이는 기업/기관의 이탈이 뚜렷했고, 현재 카카오스토리는 가시화된 단계이다. 채널 영속성 측면에서 카카오는 이 점을 눈여겨보아야 한다.

4) 트렌드 부합 실패와 새로운 흐름의 도래

디지털 트렌드는 끊임없이 변화한다. 미투데이, 카카오스토리는 이런 흐름을 적극적으로 받아들였을까? 나는 이들이 트렌드를 선도하고 꼼꼼히 챙기기보다는, 뒤늦게 따라가기도 버거웠다고 생각한다.

해당 주체들의 입장에서 반론이 있을 수 있다. 다만, 실제 어땠건 간에 유저들에게 그런 인상을 주었다는 것은 큰 문제였다. 그 결과 미투데이를 페이스북이 대체했고, 카카오스토리를 밴드와 인스타그램이 대체하고 있다. 이 트렌디한 채널들과 비교할 때 미투데이와 카카오스토리는 시장과 유저들의 목소리를 적절히 담아냈는지?

그리고 인스타그램이 뜨면서 2015년 네이버는 이미지SNS 폴라를 선보였다. 현시점에서 폴라의 위치가 어떠한지는 쉽게 파악할 수 있을 것이다.

3. 국산 SNS와 커뮤니티 문화

처음의 질문으로 돌아가보자.

한국형 소셜미디어는 실패한 걸까?

'라인'은 아시아는 물론, 전 세계적인 기반을 마련했다. 이 결과 2015 년 1분기 기준 네이버 매출의 약 1/3인 2,526억을 벌어들였다.📧 카카오 톡은 어떤가? 모바일에 이어 PC까지 '문자'를 무용하게 만드는 국민 메신저의 지위를 놓치지 않고 있다. 두 채널은 모두 폐쇄형 플랫폼이라 는 특징을 갖고 있다. 한국형 소셜미디어는 실패하지 않았다. 다만 플랫 폼의 변화로 노선을 수정했을 뿐이다.

여기서 한 가지 궁금증이 더 생긴다. 세계 최초 SNS로 일컬어지는 싸 이월드 미니홈피와 카페 문화를 꽃피운 우리나라는 왜 트위터, 페이스 북과 같은 개방형의 소셜 플랫폼을 흥행시키지 못할까?

나는 이를 조금 다른 시각에서 풀어보고 싶다. 우리나라의 진정한 '개방형 소셜 플랫폼'은 미투데이, 카카오스토리가 아니라 사실 '커뮤니 티'인 것은 아닐까? 물론 이론의 여지는 충분하다. SNS 자체가 커뮤니 티 문화에서 진화된 것이기도 하다. 다만 우리나라는 페이스북을 포함

JJamBong.com 네이버의 미투데이 운영 중단은 전략적 판단의 일환이었을 뿐이다

한 SNS와 디시인사이드, 오늘의유머와 같은 커뮤니티가 그 어느 나라보다 활발히 공존한다.

그럼 현시점의 커뮤니티를 SNS와 같은 발전적 시각에서 바라볼 수 있을까? 삼성경제연구소의 〈매스미디어와 소셜미디어 구분〉과 키어츠만(Kietzmann) 등의 〈SNS 및 소셜미디어의 특성〉을 바탕으로 6가지 측면에서 SNS와 커뮤니티를 비교·평가해 보았다.

1) SNS는 이용자에게 다른 이용자와의 접촉 등 '실제감(presence)'을 제공한다

커뮤니티에 따라 다르지만, 현재 많은 커뮤니티는 회원정보 등을 통해 연결의 즉각성을 높여주고 나아가 대화 기능까지 제공하고 있다. PC통신 시절부터 정모는 물론, 온/오프라인상의 소통은 커뮤니티만의 문화로 정착되었다.

2) SNS는 이용자들 간에 각종 정보와 콘텐츠를 공유할 수 있게 한다

우리나라 커뮤니티의 대표적인 기능은 정보 공유이다. 커뮤니티발 자료는 각종 미디어의 단골소재가 되어 폭발적인 확산을 일으키기도 한다.

3) SNS는 대화를 촉진시키는 기능을 한다

댓글이나 추천 등의 기능은 물론이고 베스트 글을 통해 커뮤니티에서는 SNS보다 오히려 더 활발한 대화가 이루어진다. 특정 게시물을 발전시키거나 반론을 형성하는 것도 커뮤니티에서 흔히 발견할 수 있는 모습이다.

4) SNS는 집단 형성을 가능케 한다

커뮤니티 자체가 특정 이슈를 바탕으로 구성된 무리인 것을 감안하면 집단 형성은 기본적으로 커뮤니티에도 동일하게 이루어진다.

5) SNS에서는 타자를 인식하고 평가하는 데 필요한 평판 체계가 존재한다

대다수의 커뮤니티들이 이미 등급체계를 활용하고 있으며 아이디를 기반으로 활발한 평가가 이루어진다. 자체적으로 네임드 캐릭터가 존재하기도 한다.

6) SNS에서는 관계 유지의 다양한 기제가 존재한다

커뮤니티는 기본적으로 집단으로 기능할 뿐 진정한 의미의 '개인 플랫폼'으로 존재하지는 않는다. 다만 〈국내와 해외의 #해시태그 활용법 차이〉에서도 살펴보았듯이 개인주의와 스트리트 문화가 발달한 서양권 국가의 특성, 집단과 시장 및 동네 문화가 발달한 우리나라의 특성을 감안한다면 이것이 '커뮤니티'를 토종 형태의 SNS로 보는 가장 좋은 예시가 될 수도 있지 않을까?

기존의 PC통신, 카페, 클럽 등의 문화에서 영미권이 '개인화의 발현'으로 페이스북이나 트위터 같은 SNS로 발전이 집중되었다면, 우리나라는 지금의 이슈 커뮤니티와 SNS로 분화되었다. 그리고 카카오톡, 라인 등의 등장은 커뮤니티, SNS의 개방성에 대응한 새로운 형태의 흐름으로 평가할 수 있지 않을까?

　　이것이 우리나라에서 국산 개방형 소셜 플랫폼이 발전하지 못한 결정적 이유다. 이 '결정적'을 너무 심각하게 받아들이면 곤란하다. 어쨌든 현시점에도 오늘의유머, 디시인사이드와 같은 이슈 커뮤니티는 전체 인터넷 방문자 순위 중에서도 상위를 유지하고 있다.

JJamBong.com 어디까지나 소설입니다(…)

:　　　　　　　　　　**성공적인 SNS 운영을 위한 갑의 조건**

> 다양한 업종과 분야의 소셜미디어 담당자들을 만나다 보니
> 성공적으로 SNS를 운영하는 갑의 공통점을 발견하게 되었다.

　그동안 제법 많은 기업과 기관, 단체 등과 관계를 맺어 왔다. 이 시간 동안 국내외를 막론하고 다양한 업종의 마케팅, PR, 브랜드, PI, MPR 등 다양한 커뮤니케이션 업무를 진행할 수 있었다. 이런 경험들을 놓고 생각해 보니 '성공적으로 SNS를 운영하는 기업'이 갖고 있는 특징이 몇 가지 있었다.

　특히 SNS는 물론, 광고나 PR 업무는 기업/기관이 독자적으로 진행하기보다 전문 에이전시의 도움을 많이 받는다. 이런 업무 관계에서 발생하는 '갑의 조건'이 있다.

1. 커뮤니케이션과 소셜미디어에 대한 '기본적 이해'가 있어야 한다

성공적인 커뮤니케이션 결과물을 얻기 위해서는 담당자가 관련 산업에 대한 기본적인 이해를 갖추는 것이 여러모로 유리하다. 이는 합리적인 '의사소통'과 이에 따른 '활동'을 담보하는 최소한의 조건이 된다.

물론 에이전시를 활용하는 기업 담당자 입장에서 '돈 내고 대행사 쓰는데 그것까지 알아야 하는가?'라고 할 수도 있다. 물론 그런 경우에도 관련 에이전시는 최선의 프로세스를 준비한다. 하지만 비용대비 효율적인 결과를 얻기 위해서는 담당자의 이해도가 일정 수준 이상인 것이 좋으며 부족하더라도 지속적인 개선을 위해 노력해야 한다.

2. 에이전시를 전략적 파트너 또는 컨설턴트로 이해하고 '상호신뢰' 해야 한다

기업의 담당자가 짧게는 몇 년 길게는 몇십 년 동안 해당 분야에서 몸담은 커뮤니케이션 전문가보다 PR이나 광고 따위를 잘 알아야 할 이유는 없다. 그래서 에이전시를 쓰는 것일 테고 말이다. 이러한 측면에서 기업이 PR이나 광고회사를 대하는 태도는 대략 두 가지 정도로 나뉠 수 있다. 하나는 '을' 또 하나는 '파트너'.

전자나 후자 중 어느 쪽이 '성공'을 좀 더 담보하는지는 의견이 나뉠

지도 모른다. 다만 전문 영역에 있어서 커뮤니케이션 에이전시를 컨설턴트로 이해하고 상호신뢰 하에 업무를 진행할 때 그 시너지가 극대화된다는 것은 분명하다. 실제로 AE 입장에서 제시한 전략과 프로그램을 신뢰하고 진솔하게 대하는 담당자를 만나면 힘이 난다. 그 힘은 좀 더 많은 고민과 함께 하나만 준비하면 충분할 것을 두세 개 준비하게 하는 열정으로 되돌아온다.

3. 담당자와 소속 부서가 회사 내에서 '일정 수준의 위치'를 확보해야 한다

성공적인 SNS를 운영하는 기업은 이를 맡고 있는 담당자와 소속 부서가 회사 내에서 일정 수준의 위치와 재량권을 확보하고 있는 경우가 많다. 이는 운신의 폭을 자유롭게 하고 필요 이상의 의사결정 과정을 배제하며 예산이나 기업 자원을 효율적으로 활용할 수 있게 한다. 현실적으로 쉽지 않은 경우도 많지만 이것이 성공적인 SNS 운영을 가능하게 한다는 것은 분명하다.

4. 소셜 커뮤니케이션 활동에 최소한의 '참여와 활동'이 담보되어야 한다

PR, 광고회사는 '커뮤니케이션 전문가' 집단을 지향한다. 그런 면에서 고객사에 대해 항상 공부하고 더 나은 서비스를 제공하기 위해 노력하고 고민한다. 다만 그 기업/기관/브랜드/서비스/상품에 대해 더욱 잘 알고 최신 소식과 내·외부 사람들에 대해 더 밝은 사람은 당연히 '기업 담당자'이며 이런 부분에서 담당자의 참여와 지원이 필요하다.

SNS 운영에서 소비자가 원하는 것은 빤한 제품, 서비스 광고보다 그 뒤에 있는 살아있는 사람들의 이야기와 감정이다. 이는 PR회사 AE가 아무리 노력해도 한계가 있는 부분이다. 이때 담당자가 관련 소스나 소식을 가능한 한 효율적인 방법으로 전달해준다면 큰 시너지가 날 수 있다. 정기적인 미팅을 통해 많은 대화를 나누거나 효과적으로 내·외부 소식을 전달하는 방법을 고민해 보는 것도 좋다.

5. 회사 차원에서 '소셜 커뮤니케이션 산업에 대한 이해'가 필요하다

지금까지는 담당자와 에이전시에 대한 이야기였는데 마지막은 담당자 회사 차원의 고민이다. 성공하는 기업은 PR, 광고, SNS의 역할, 활동에 대한 이해를 하고 있는 경우가 많다. 특히 이런 기업들은 마케팅, 광고, PR의 차이를 잘 이해하고 있으며 소셜미디어를 포함한 커뮤니케이션 히스토리가 탄탄하다. 이는 소셜 커뮤니케이션을 통한 최상의 효과를 이끌어내는 좋은 토양이 된다.

일베는 대책 없는 쓰레기인가?
잉여들의 집단 커뮤니티 문화

:

> 혹자는 말한다.
> "디씨는 인류를 어겨서라도 낄낄대는 게 목적이고,
> 일베는 그냥 인류를 어기는 게 목적이다"
>
> 이른바 디씨의 코겔에서도 극강의 잉여들이 모여 만든 '일간베스트'에 대한 평가다.

흔히 알려진 일간베스트의 연관 검색어는 '일베충, 패륜, 김치녀, 지역 비하, 장애인/외노자 등의 약자 비하' 등이 있다. 사회적으로 논란이 된 '세월호 폭식투쟁'이나 '여성 비하 관련 이슈', '고인 드립 이슈'만 살펴봐도 '일베'란 커뮤니티가 갖는 포스는 만만치 않아 보인다.

JJamBong.com 디시인사이드의 줄임말
JJamBong.com 코미디 프로그램 갤러리의 줄임말

일베,

잉여들이 모인 대책 없는 쓰레기들인가?

일베의 회원 수는 대략 200만 명 안팎으로 알려져 있다. 한 달 페이지 뷰는 10억 건에 달한다. 사회통념상 적극적 가입에는 일부 장애가 존재하지만 굳이 회원이 되지 않더라도 게시물 포스팅, 댓글을 제외하고는 이용에 문제가 없다는 점을 고려했을 때 200만 명의 회원 수는 '직접 활동층'이라고 평가할 수 있다. 우리나라 인구 100명에 4~5명, 인터넷 사용인구로 치면 10명에 1명은 이른바 '일베 유저'라고 볼 수 있는 것이다.

한 가지 더 첨언하자면 일베발 자료는 각종 커뮤니티를 포함해 페이스북, 트위터 등의 SNS에서도 자주 이용되고 있다. 심지어는 SBS 뉴스 등 공중파에서도 심심찮게 등장한다. 네이버나 다음 등 포털 사이트 검색을 통해서도 우리는 쉽게 일베 자료를 접하는데다 주요 키워드에서 일베 자료는 상위 노출을 점유한다.💬 이쯤 되면 의문이 들기 시작한다.

일베에 열광하는 사람들이 왜 이렇게 많지? 분명 그들의 활동에는 문제가 있는데?

JJamBong.com 물론 높은 검색 점수를 받은 것이 이유겠다

1. 현실과 괴리된 패배자의 욕망 배출구

어떤 사람들이 일베를 할까? 일베의 핵심 유저(약 200만 명)는 누구인가?

일베를 알기 위해서는 먼저 이들에 대한 특징을 살펴볼 필요가 있다. 일베 이용자는 아래와 같이 몇 가지 특성으로 요약해 볼 수 있다. 단, 일베 게시물을 접하는 10억 뷰의 트래킹 결과와는 다를 수 있다. 핵심 유저 중에서 활발한 활동을 보이는 이들의 특성이다.

1) 극우 성향

이들을 규정하는 중요한 정체성은 '극우'라는 정치 성향이다. 이는 많은 커뮤니티들과 분명히 차별화되는 지점이다. 우파가 아닌 '극우'라는 점에 주목해야 한다. 이들은 마치 독일의 '신나치'나 일본의 '넷우익', 미국의 'KKK단'과 같은 논리적 사고와 행동을 보이는 일찍이 '(온라인에 기반을 두고 온/오프라인을 넘나드는 구체적인 행동력을 갖고 있다는 측면에서) 우리나라에는 없던' 집단이다. 이런 정치적 성향을 바탕으로 과거부터 현재까지의 보수 세력을 지지하고 또 한편에선 외국인, 장애인, 여성 등 사회적 약자에 대해 '혐오감'을 드러낸다.

2) 현실과의 괴리

이들은 보수 세력을 적극적으로 지지하지만 정작 현실에서는 기득권을 갖고 있다고 볼 수 없는 상태에 있다.💬 이른바 '일밍아웃(현실에서 일베유저라는 것을 밝히는 행위)'에 공포감을 느끼기도 한다. 즉, 실제 기득권층에 속해 있든 그렇지 않든, 정서적으로 소외되어 있거나 약자의 위치에 놓여 있을 가능성이 높다는 것이다. 이런 상황에서 실질적인 기득권 세력 워너비는 '결절'을 낳는다. 그렇기에 이들은 전두환이나 박정희 전 대통령 등 과거 인물에 집착한다.

3) 반페미 혹은 여성으로부터의 소외

'여성으로부터 소외'도 이들의 특징 중 하나다. 실제로 이들은 과거 '남성연대'를 지지하고 페미니스트를 비방하며 더 나아가 여성에게 공격적인 성향을 드러낸다.💬 '여자를 만나 매일 돈을 쓰는 것보다 돈 내고 한 번 하는 게 훨씬 경제적'이란 논리까지 통용되기도 한다.💬

결론적으로 '현실'과 '여성'으로부터 괴리와 소외된 극우세력은 이들의 성향을 규정하는 결정적 요소가 된다. 바로 반사회성과 공격성이다. 이를 바탕으로 강자 코스프레를 하며 자신의 결절을 메우고자 애쓴다. 하지만 현실은 시궁창…… 이들에게 남는 것은 전통적 가치, 현실에 대

JJamBong.com 고학력자나 명망 있는 직업을 갖고 있다고 '인증'해야 하는 상황은 반대로 이들의 위치를 더욱 잘 드러내는 것이다

JJamBong.com 그리고 스스로를 페미니스트라 주장하는 메갈이 일베를 '미러링'한다고 하니, 이를 어떻게 봐야 할지

JJamBong.com 애잔하죠

한 부정, 인간에 대한 혐오밖에 없다. 일베의 불완전한 상태를 이해할 수 있는 요소이다. 그리고 이 괴리를 메우기 위한 논리가 필요하다. 여기서 일베만의 '팩트(fact)'가 탄생한다. 존립 자체가 괴리인 이들에게 이 논리는 존재기반과도 같다. 이를 반박하는 것은 요원한 일이다.

2. 일베는 과연 '그들만의 리그'인가?

그렇다면 일베 이용자를 '일베충'으로 묶어 그들만의 리그로 바라보면 될까?

일베와 어느 정도 날을 세우고 있는 커뮤니티는 여성시대, SLR클럽, MLB파크, 웃대 등 많지만 그중에서도 오유(오늘의 유머)▥를 빼놓을 수 없다. 이렇게 극단에 있는 오유 유저와 일베 유저는 얼마나 다를까? 예를 들어 오유 유저가 100만이고 일베 유저가 100만이라면, 두 커뮤니티 이용자의 합은 200만일까? 모르긴 몰라도 두 커뮤니티 이용자 수의 합은 150만 정도에서 떨어지지 않을까 싶다. 다른 커뮤니티와는? 더 심하면 심하지 덜하지는 않겠다.

무슨 이야기냐면, 대립을 보이는 커뮤니티의 회원들이 중복된다는

JJamBong.com 오유는 좌파 성향으로 분류되는 커뮤니티

말이다. 현시점에서 커뮤니티들이 다루는 소재들은 정도의 차이는 있지만 대동소이한 편이다. 이를테면 'SLR클럽'이 카메라에, '인벤'이 게임에 특화되어 있지만, 그외 자유게시판 등에서 이루어지는 이야기는 유머, 이성, 스포츠 등으로 비슷하다는 것이다.

하나의 콘텐츠가 이슈화되면 삽시간에 모든 커뮤니티로 해당 자료가 퍼진다. 각 커뮤니티에서 암약하는 상대 세력(?) 회원의 커밍아웃도 잦은 편이다. 그보다 PC통신, 디시인사이드에서 각각 분화된 이 커뮤니티들은 심하게 말하자면 각자 커뮤니티마다 코드에 따라 노는 룰이 다를 뿐, 모든 유저들이 하나의 커뮤니티에만 충성하는 것은 아니란 이야기다.

각 커뮤니티 '직접 활동층'의 특성을 보면 좀 더 자세히 드러난다. 일베의 특성으로 본 세 가지 성향 중 가장 극단에 있는 오유조차 '현실과의 괴리', '여성으로부터의 소외'란 키워드 그 자체로만 보면 어딘가 낯설지가 않다.

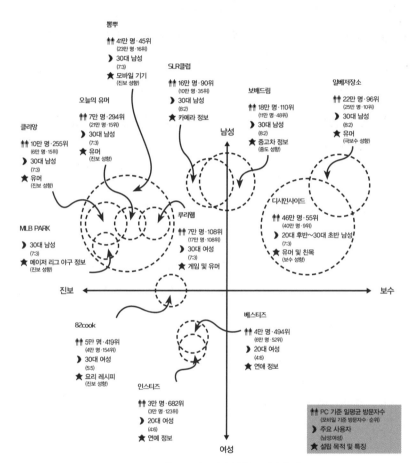

뿜뿌

… 12개 주요 커뮤니티 성향 포지셔닝 맵 …

3. 잉여들의 집단 커뮤니티 문화

천리안, 나우누리 등의 PC통신에서부터 시작된 커뮤니티 문화는 인터넷이 태동하면서 본격적으로 발전되어 왔다. 우리나라 특유의 끼리끼리 문화는 좋은 자양분이 되었다. 소위 말해 '잉여'들의 집단 커뮤니티 문화를 형성한 것이다. 그러나 각 커뮤니티마다 활동하는 유저들이 본질적으로 다르거나 이질적인 존재라고 특정할 수는 없다. 표현방식과 코드의 차이일 뿐인 것이다.

이 코드는 여성을 바라보는 시각에서부터 잘 드러난다. 소외와 사회와의 괴리를 '외부의 탓'으로 돌리고 공격적으로 반응하는 '일베' 코드는 여성을 '비하'하고 '타도의 대상'으로 삼는다. 반면 자신이 솔로인 이유는 '내가 못난 탓'으로 돌리는 '오유'는 어떤 면에선 여성을 '숭배'하는 담론이 성행한다. 사회에 대한 욕망은 어떨까? 오유는 변화를 추구하고 좌파를 지지한다. 현재에 불만을 갖고 이상향을 지향하기에 '선비'라 불리기도 한다. 반면 일베는 보수 노선을 선택하고 '애국 보수'를 자임하는 쪽이다. 다만, 부연했던 자기모순 혹은 결절은 그들을 과거로 회귀하게 만든다.

이런 상황에서 일베를 '대책 없는 쓰레기'로 규정하고 배척하면 세상은 더욱 좋아질까?

4. 포르노, 폭력 그리고 일베

일베의 코드는 말하자면 포르노 혹은 극단적 액션영화와 비교할 수 있다. 야한 사진부터 시작해 에로영화 그리고 포르노로 이어지는 성적 자극에는 끝이 없다. 액션영화 역시 마찬가지다. 속편은 언제나 더 강한 액션을 보여줘야 한다. 좀 더 큰 자극이 아니면 만족할 수 없는 것이다. 포르노, 폭력에 탐닉할 때 그 끝이 어떤지는 우리 모두 잘 알고 있다.

문제는 이런 자극적인 문화가 쉽고 중독성 있는데다💬, 커뮤니티 특성에 따라 불특정 다수에게 노출된다는 것이다. 특히 가치관이 제대로 정립되지 않은 어린 친구들이나 소외된 어른들에게 이 코드는 매우 달콤한 유혹이다💬 더 큰 문제는 자신들만의 '코드' 속으로 빠져들어 현실과의 괴리가 심화된다는 것이다.

우리는 한 번쯤 고민해 봐야 한다.

과연 일베가 문제일까?

그들의 코드가 통용되는 '사회 그 자체'가 문제는 아닐까?

일부에서 여성판 일베(?)라고까지 불리는 메갈, 워마드카페의 부흥을 우리는 어떤 시각으로 바라봐야 할까?

JJamBong.com 심지어는 쿨하거나 시크해보이기도 한다
JJamBong.com 실제로 2016년 경기도교육연구원의 조사에 따르면 어린 학생들의 일베화는 심
각한 수준으로 공부를 잘하는 학생일수록 더더욱 심하다고 한다

초판 1쇄 발행 2016년 8월 25일
2쇄 발행 2016년 12월 8일

지은이 조종완
펴낸이 이광재

책임편집 김미라   **교정** 맹인호
디자인 이창주   **마케팅** 허남

펴낸곳 카멜북스   **출판등록** 제311-2012-000068호
주소 경기도 고양시 덕양구 통일로 140 (동산동, 삼송테크노밸리) B동 442호
전화 02-3144-7113   **팩스** 02-374-8614   **이메일** camelbook@naver.com
홈페이지 www.camelbook.co.kr   **페이스북** www.facebook.com/camelbooks

ISBN 978-89-98599-22-5 (03320)